티 소믈리에

일러두기
지역명은 현지어로 표기했습니다. 차명은 우리나라에서 일반적으로 통용되는 용어로 표기했습니다.
그러다보니 지역명과 차명의 한자가 같은데 표기가 달라지는 경우가 있어, 이런 부분에는 한자를 병기했습니다.
예) 샤리시엔(沙里仙), 사리선차(沙里仙茶)

The Tea Sommelier

티 소믈리에

티 파커(치중시엔) 지음

최경남 옮김

시그마북스

Contents

PART I
차와 음식

1
감각 깨우기

전 세계 미쉐린 스타 레스토랑에 초대되어, 티 페어링으로 어떻게 더 나은 식사를 할 수 있는지 알아보며 시작되는 여정

1	시작하며	13
2	세계 최고의 식탁에서 차	16
3	아틀리에 에차노베	19
4	아수르멘디	20
5	레스타우란테 마르케스 데 리스칼	22
6	마르틴 베라사테기	25
7	일레븐 매디슨 파크	26
8	르 버나딘	27
9	가브리엘 크루더	28
10	르 쿠쿠	31
11	장 조지	32
12	블루 힐 앳 스톤 반스	33
13	카페 불뤼	35
14	라틀리에 드 조엘 로부숑	36
15	패트릭 앙리루	38
16	안느-소피 픽	40
17	샤토 디켐과 보이차	42
18	로랑 퐁소	45
19	베가 시실리아	46
20	JL 퓨전	48

2
티 페어링의 예술

해산물에서 치즈, 디저트, 간단한 식사부터 호화로운 만찬에 이르기까지 다양한 음식과의 티 페어링

1	티 페어링: 향기로운 문화유산	52
2	다연의 간략한 역사	54
3	본 아페티: 차와 함께 하는 식사 시작하기	57
4	채소와 홍배차	58
5	채식과 차	61
6	육류와 차: 타닌의 문제	63
7	해산물과 녹차의 대조	65
8	쌀, 국수, 그리고 파스타	67
9	치즈와 햇빛에 말린 보이차	68
10	차에 있어서 과일과 잼	70
11	딤섬과 차: 재스민을 넘어서	71
12	차를 활용한 요리	74
13	핫팟과 티팟	77
14	동방미인: 상하이의 사랑	78
15	오감을 위한 연회	81
16	다연의 본보기	82
17	진정한 티타임	85
18	와인과 차: 적인가, 동지인가?	88

PART II

티 페어링의 예술

3
차란 무엇인가?

6대 다류와 각 차의 고유한 특징, 제다 방법에 대한 소개

1	차나무	93
2	천지인, 그리고 제다	94
3	6대 다류	105
4	녹차 (비발효)	106
5	백차와 황차 (약간 발효)	108
6	우롱차 (반발효)	111
7	홍차 (완전 발효)	114
8	흑차 또는 보이차 (후발효)	116
9	불: 홍배의 마술	118
10	꽃차: 향차	120
11	홍차의 분류	123
12	빈티지의 유혹	126

4
글로벌 투어

구세계에서 신세계에 이르는 전 세계 차 재배지의 분포

1	전 세계 차 산지 투어	130
2	중국: 강북차구 (장베이)	133
3	중국: 강남차구 (장난)	135
4	중국: 서남차구	138
5	중국: 화남차구 (화난)	140
6	포모사: 저고도, 중고도	142
7	포모사: 고고도	146
8	일본	153
9	한국	157
10	인도	158
11	스리랑카	160
12	네팔	163
13	동남아시아	164
14	아프리카	167
15	흑해와 카스피해 지역	168
16	남아메리카	170

PART Ⅲ
차 시음

5
차를 어떻게 마실 것인가?

차가 가진 최상의 특성을 이끌어내는 방식으로 차를 선택하고, 우리고, 감상하는 방법

1	차 마인드의 함양	175
2	색, 향, 맛의 삼위일체	176
3	감각을 예리하게 다듬기	178
4	차 시음 준비하기	180
5	첫 향과 뒷맛	182
6	감칠맛: 차가 지닌 맛	183
7	향의 범주	184
8	구강 촉감: 차의 질감	185
9	평감배와 향시	186
10	차의 화학적 성분	188
11	6대 다류의 개별 특징	190
12	차 우리기	193
13	공부차의 길	196
14	숙성을 위한 차의 보관	198

6
특색차와 페어링

용정에서 정산소종에 이르는 차 세계의 위대한 성장에 대한 큐레이션과 음식 페어링에 대한 추천

1	특색차란 무엇인가?	203
2	용정차의 생명의 춤	204
3	벽라춘: 봄의 깨어남	207
4	경산 녹차: 과거와 현재	208
5	리산: 타의 추종을 불허하는 신선함	210
6	대우령: 산봉우리의 맛	213
7	금훤: 우유 향 환상	214
8	우롱: 천의 얼굴	216
9	숙성차: 젊음의 샘	218
10	육계: 무이의 심장에서 만들어진 차	220
11	수선: 불멸의 차	222
12	대홍포: 전설의 차	225
13	백계관: "닭 볏" 차?	226
14	정산소종과 금준미	229
15	홍옥 "루비" 대차 18호	232
16	기문 홍차: 잔에 담긴 행복	233
17	임창 생보이병차	234
18	악퇴 보이전차: 1976년 빈티지	236
19	500년 된 차나무로 만든 병차	239
20	골동품 등급의 칠자병차	240

PART IV
요리와 차

7
요리 재료로서의 차

차를 재료로 한 요리 레시피를 통해 한 단계 더 발전시켜 보는 티 페어링

1	차를 활용한 요리의 즐거움	245
2	차가운 삼림계 오이	246
3	찻물을 가볍게 뿌린 팽이버섯	248
4	홍옥 홍차 소스를 뿌린 염소 치즈 멜론 샐러드	249
5	말린 두부와 차: 고향의 맛	250
6	다즐링 무조림	253
7	스핀오프 차예단	254
8	전홍차를 머금은 느타리버섯	255
9	동정 우롱 죽순	256
10	차 소스를 발라 구운 물죽순	258
11	운남 보이차와 찐 생선	260
12	야생차에 찐 생선	262
13	수사연 홍차와 꽁치구이	263
14	동정 우롱차를 부은 마히마히 구이	264
15	대수 보이차와 장미 향을 머금은 도미 머리	266
16	매혹적인 차 스키야키	267
17	차즈케의 새로운 해석	268
18	정산소종 소스를 뿌린 구운 감자	270
19	돼지 간을 넣은 영양 가득 국수	271
20	우롱-생강 양갈비	272
21	차-미소 된장 드레싱에 재워 구운 소고기	274
22	차 국물에 데친 돼지고기	275
23	차가운 얼 그레이 향 그린 파파야	277
24	연씨와 동방미인차	278

8
티 소믈리에 되기

마지막으로, 티 페어링을 전문적으로 배우고 싶은 사람들을 위한 가이드

1	티 소믈리에의 필수 요건	282
2	식탁 예절	283
3	전문가의 도구	284
4	식음료계에서의 직업	285
5	티 소믈리에의 역할	286
6	이론과 실제	287
7	티 리스트 설계하기	288

| 찾아보기 | 290 |
| 지은이·옮긴이 | 295 |

1 감각 깨우기

시작하며

음식에 차를 페어링하는 이유는 무엇일까? 차가 식사에서 하는 역할은 무엇일까?

아시아식으로 식사를 할 때 차는 흔히 물 한 잔과 같은 기능을 하는데, 갈증을 해소하고 입안을 헹구는 등 음식을 씻어내는 용도로 마신다.

하지만 이러한 개념은 변하고 있다. 오늘날에는 음식과 어울리는 차를 의도적으로 선택해 식사의 풍미를 더욱 향상시키는 이른바 '티 페어링'이 부상하고 있다. 흥미롭게도 이 트렌드는 와인 페어링과 비슷한 방식으로 유럽에서 처음 인기를 얻었으며, 이제는 그 영향이 전 세계적으로 확산되고 있다. 세계적인 유명 셰프들이 자신의 음식에 고급 중국 차를 곁들여 선보이고 있다. 그러나 그들이 만드는 요리는 유럽식 전통에 확고한 뿌리를 두고 있다. 차가 일상적인 음료와는 거리가 먼, 오뜨 퀴진(고급 요리)의 테이블에서 자리를 차지하고 있는 것이다.

티 페어링에 대한 관심이 높은 이유는 무엇일까? 차와 음식은 미식에 있어 다른 어떤 조합보다도 우리의 감각을 깨우는 방식으로 상호 작용을 한다.

차를 맛볼 때 우리는 차를 음미하고 감상한다. 아로마, 단맛, 뒷맛, 생동감, 그윽함 등 차의 특성을 인식하게 되는 것이다. 차를 음식과 결합하면 이러한 인식이 음식의 아로마와 맛을 수용하는 데까지 확장되고, 그 결과 우리의 미각에 연금술이 펼쳐진다.

여러 가지 면에서 티 페어링은 와인 페어링과 비슷하다. 서양식 식사에서는 소믈리에라는 직업의 등장과 함께 식사와 와인 페어링에 대한 체계적인 접근 방식이 확립되어 왔다.

소믈리에가 옆에 서서 우리가 주문한 생선이나 생굴 요리와 어울리는 화이트 와인의 종류를 추천해줄 것이다. 소믈리에는 풍미의 특성, 지역, 와인 생산자, 심지어는 이상적인 빈티지 등 와인에 대한 자세한 정보를 알려주기도 한다. 마찬가지로 육류와 페어링할 때도 보르도나 부르고뉴 또는 신대륙산 레드 와인을 추천할 수도 있다. 이러한 맞춤형 조합은 완벽한 식사를 위한 무대를 마련해준다.

 와인과 마찬가지로 차도 아로마, 맛, 보디감, 뒷맛 등이 변화무쌍하게 펼쳐진다. 과일 향, 꽃 향, 나무 향, 허브 향, 미네랄 향, 타닌 향 등 차에는 이 모든 특성이 복합적으로 어우러져 있다. 또한 와인과 마찬가지로 차도 테루아와 긴밀하게 연결되어 있는데, 이것이 바로 차의 고유한 산 정상의 기운이라 일컬어지는 것이다. 우리가 보르도 좌안과 우안의 상대적인 매력에 대해 토론할 수 있는 것처럼, 차 애호가들은 인근의 생산지 또는 같은 산이지만 다른 고도에서 재배된 차(예: 해발 1,800m와 2,200m에서 재배된 리산 우롱)의 차이를 인식한다. 와인 잔에 담긴 지리, 역사, 문화, 관능적인 즐거움은 찻잔에도 담겨 있다.

 서양식 또는 아시아식 식사에서 티 페어링의 가능성은 무궁무진하다. 하지만 아직까지 체계적인 분석이 이루어지지는 않았다. 티 소믈리에의 역할은 바로 이러한 분석과 큐레이션, 조율에 기여하는 것이다. 그리고 티 소믈리에 교육은 차의 다양한 특성을 이해하는 데서 시작된다.

소믈리에

고대 프랑스어에서 유래한 소믈리에라는 용어는 원래 궁중에서 음식을 조달하는 관리를 지칭했다. 중세 시대에는 소믈리에가 왕족과 귀족을 전담하며 그들의 구미에 맞는 음식을 제공하는 일을 담당했다.

오늘날 소믈리에는 구체적으로 레스토랑에서 일하는 와인 전문가를 말한다. 레스토랑의 와인 리스트를 기획하고, 와인 구매와 재고 관리를 담당하며, 음식과 와인의 페어링을 디자인하고, 손님에게 자문을 해주고, 테이블에서 와인을 서빙하는 일을 맡고 있다.

당연히 소믈리에는 와인의 원산지와 특징부터 레스토랑의 다양한 요리와 와인이 어떻게 어울리는지까지 자신이 취급하는 와인에 대해 잘 알고 있어야 한다. 소믈리에는 전문 교육을 받고 시험을 통과해야만 자격증을 취득할 수 있으며, 자신의 자격을 보여주기 위해 포도송이 모양의 핀이나 브로치를 착용하기도 한다.

최근에는 소믈리에의 역할이 더욱 확대되고 있다. 소믈리에는 와인 외에도 증류주, 맥주, 칵테일, 탄산음료, 생수에 대한 지식도 반드시 갖추어야 한다.

세계 최고의 식탁에서 차

차, 요리, 외인외 결합은 감각과 감성의 통합을 상징한다. 즉, 와인은 감성을 고조시키고, 음식은 본능적인 욕구를 충족시키며, 차는 마음을 정화시킨다.

고급 빈티지 와인과 같은 해에 생산된 숙성 보이차를 근사한 요리와 페어링한다고 상상해보자. 순수한 감각적 즐거움 외에도 이 경험은 다른 어떤 것과도 비교할 수 없는 시간과 공간에 대한 매혹적인 서사를 펼쳐준다.

이 책의 첫 장에서는 차의 기술적 측면을 바로 다루기보다는(페어링의 원리를 이해하는 데 중요하기 때문에 때가 되면 다룰 것이다), 필자와의 저녁 식사에 독자들을 초대하는 것에서 시작하고자 한다. 어쩌면 여러 세계 최고급 레스토랑에서의 저녁 식사 자리로, 차를 식탁에 올리는 것이 어떻게 더 나은 식사를 할 수 있게 하는지 살펴본다. 차를 눈으로 보고, 냄새를 맡고, 한 모금 마시며 만져볼 수 있도록 미쉐린 셰프들에게 영감을 주는 것이 무엇인지도 알아볼 것이다. 이 투어는 가장 활기찬 요리 탐색이 이루어지고 있는 곳이자 개인적으로 가장 좋아하는 두 곳의 미식 여행지, 뉴욕과 바스크를 중심에 놓고 전 세계로 우리를 인도할 것이다.

미쉐린 별의 자취를 따라가는 것은 단순히 별빛을 감상하는 것만이 아니라, 미식에 헌신하는 예술가들과의 대화를 통해 생활 예술의 창의적인 가능성을 추구하는 과정이다!

미쉐린 가이드

미쉐린 가이드는 1900년 파리 만국 박람회에서 처음 선을 보였다. 고무 타이어 회사인 미쉐린의 창립자, 앙드레와 에두아르 미쉐린 형제는 레저용 자동차의 매력을 홍보하기 위해 호텔, 주유소, 자동차 정비소 등에 대한 지도와 정보를 정리했다. 이러한 방법으로 타이어 사용률을 높임으로써 결과적으로 타이어의 판매를 촉진할 수 있었다.

1926년 미쉐린 가이드는 우수한 평가를 받은 호텔들에 별을 부여했으며, 1931년에는 별 3개의 등급 시스템을 구축했다. 미쉐린은 평가에서 중립성과 공정성을 유지한다. 미쉐린 평가원은 일반 고객처럼 행동하면서 불시에 방문한다. 이러한 방식으로 레스토랑들을 공정하게 평가하고, 그 과정에서 미쉐린 가이드는 그 권위를 확립했다.

오늘날 미쉐린 가이드는 3개 대륙 24개 이상의 지역에 있는 40,000개 이상의 장소들을 평가하고 있다.

아틀리에 에차노베 · 더 고양된 의식

바다와 산이 인접한 이베리아 반도 북쪽에 위치한 바스크는 풍부하고 신선한 생선과 농산물을 통해 스타일이 독특한 요리를 선보인다. 빌바오 시내에는 참신한 아이디어로 가득한 미쉐린 1스타 레스토랑, 아틀리에 에차노베가 있다.

첫 번째 요리는 바스크의 별미 코코차스다. 대구에서 가장 맛있는 부위라고 하는 아가미 바로 아래에 있는 살로 만든다. 그릴에 구운 이 음식은 마늘 소스와 함께 나왔다. 이 음식과 페어링할 차로 나는 해발 2,000m의 고지대에서 재배된 대만산 대우령 우롱차를 선택했다. 고산 지대에서 재배된 덕분에 차의 순도와 우아함이 가장 매혹적인 방식으로 코코차스에서 느껴지는 바다의 신선함과 섞여 '서프 앤 드 터프'[1)]의 풍미가 입안에서 폭발한다.

아호블랑코는 아몬드와 마늘이 들어간 스페인 고유의 화이트 가스파초다. 트러플과 아스파라거스가 살짝 가미된 차가운 수프에 에밀리오 로호 리베이로, 페델로스 두 쿠토 바스타르다, 비 데 빌라 그라타요프스 등 엄선된 스페인 와인을 페어링해서 매우 만족스러운 결과를 만들어냈다. 하지만 대우령 고산 우롱차의 시원하면서도 꽃과 같은 향기는 니트처럼 촘촘하게 짜인 가스파초의 질감을 관통해 수프 전체적으로 스며 있던 스페인 정신의 열정적인 면모를 끌어내는 데 더 크게 기여했다.

카라비네로 새우, 비둘기 구이, 토마토 퓌레에 얹은 안초비 '라자냐' 등 훌륭한 음식들을 연이어 맛보고 나자 우리의 디저트가 도착했다. 포멜로로 만든 보라색 판나코타는 VR 헤드셋과 함께 제공되었다! 요리의 아로마를 음미하는 동안 VR을 통해 바스크 지방의 보랏빛 들판으로 순간 이동한 듯한 기분이 들었다. 꽃의 향연에 몰입하면서 우리의 감각들이 더욱 고조되었고 판나코타의 맛은 더욱 선명하고 강렬해졌다. 바스크의 풍경과 전통에 연결되는 느낌을 받았다.

남은 차를 마시면서 대우령의 산악 풍경과 매혹적인 차밭, 작업 중인 티 마스터를 볼 수 있다면 얼마나 좋을까 하는 생각이 들었다. 완전히 새로운 경험의 세계가 열리지 않을까 하는 생각이….

---

1) Surf and turf: 랍스터와 스테이크처럼 고기 요리와 해산물 요리가 같이 나오는 것을 말한다. – 옮긴이

아수르멘디 · 미식의 놀이터

빌바오 외곽의 작은 마을 라라베추에는 셰프 에네코 아차가 운영하는 미쉐린 3스타 레스토랑인 아수르멘디가 있다. 이곳에서의 식사는 개방형 주방에서부터 온실, 마지막으로 메인 다이닝 룸에 이르기까지 건물의 여러 공간들에서 이어졌다. 실제로 식사는 공기가 잘 통하는 웰컴 라운지에서부터 시작되었는데, 장난기 가득한 피크닉 바구니에는 식욕을 돋우는 음식들이 소량씩 담겨 있었다. 그래서 다이닝 룸에 앉기도 전에 훈제 생선 브리오슈, 이베리코 타르타르, 트러플 에그, 홍합 인퓨전, 이끼 낀 정원에 놓인 장미 카이피리차 볼 등 놀랍도록 창의적인 아뮤즈 부쉬 요리를 미리 맛볼 수 있었다.

레스토랑은 페어링에 좋은 매우 합리적인 가격대의 와인 셀렉션을 제안했다. 카바 카를레스 안드레우 로사트 레세르바 바리카 브룻, 2018년산 보데가스 트라디시온 피노, 고르카 이자기레 42 바이 에네코 아차, 그리고 칼리고였다. 이 네 와인은 기본적인 와인 페어링을 경험하기에 적합했다. 하지만 결과는 별다를 것이 없었다. 그렇다면 차가 식사의 격조를 높이는 대안이 될 수 있을까?

첫 번째 코스로 올리브유를 베이스로 한 소스를 곁들인 굴 요리와 카바를 페어링했다. 굴과 스파클링 와인은 고전적인 조합이며, 말할 필요도 없겠지만 카바가 요리의 맛을 더욱 향상시켰다. 그렇긴 하지만 나는 티 페어링에 대한 나의 직관을 시험해보고 싶었다. 4월 초 청명절 전에 수확한, 항저우의 스펑에서 재배한 용정차를 끓였다. 녹차의 섬세한 꽃 향, 입안에 부드럽게 감기는 느낌, 구운 허브 향이 굴 요리와 즉각적인 교감을 이루었다. 감히 말하건대 카바보다 더 좋은 페어링이었으며, 특히 복합적이고 긴 여운을 주는 뒷맛을 남겼다.

커피 버터와 잘라 적양파를 곁들인 구운 랍스터는 피노 셰리와 페어링되었다. 셰리의 강렬함이 랍스터의 신선하고 달콤한 풍미를 압도했다. 이때 용정차는 어느 한 요소가 다른 요소를 압도하지 않도록 맛의 균형을 되찾아주었다. 반면에 노랑촉수 구이와 붉은 고추즙, 파슬리 퓌레, 포도 절임은 바로 이곳 라라베추에서 독특한 배럴 발효 방식으로 생산된 화이트 와인인 고르카 아자기레 42 바이 에네코 아차와 훌륭한 페어링을 이루었다.

경이롭지만 길었던 식사의 마지막에 나왔던 이디아자발 산 치즈 봉봉과 페스토, 화이트 트러플을 곁들인 이베리코 돼지고기 요리 '카스타네타'는 맛있었지만 약간 진하고 짠맛이 강했다. 다행히도 용정차를 한 모금 마시니 과도한 짠맛이 차츰 사라지고 입맛을 상쾌하게 해주어 다음 코스를 기다리는 데 도움이 되었다!

레스타우란테 마르케스 데 리스칼 · 자연에 바치는 찬가

전설적인 건축가 프랭크 게리가 설계한 호텔 마르케스 데 리스칼에 다다르면 휘몰아치며 반짝이는 티타늄 표면이 태양과 하늘에 대한 찬사를 보내는 듯하다. 내부에는 프란시스 파니에고 셰프가 이끄는 미쉐린 1스타의 레스타우란테 마르케스 데 리스칼이 아방가르드한 감각을 더해 라 리오하 지역의 요리 전통을 기념하는 요리를 선보이고 있다.

나는 500년 가까이 된 야생 차나무에서 수확한 보이차가 이 요리와 어떻게 어울릴지 궁금했다. 스페인의 대담한 정신에서 영감을 받아, 보이차 병차에서 차엽을 몇 장 떼어내어 아예 찻주전자를 사용하지 않고 도자기 잔에 바로 넣은 다음 뜨거운 물을 채웠다.

감바스 로하스 카르파치오는 토마토 타르타르와 화이트 갈릭 크림 위에 얹어져 나왔다. 감미로운 붉은 새우 조각이 주연이었지만 보이차 역시도 화음의 아름다움을 강조하는 역할을 해냈다. 특히 보이차의 미세한 타닌이 신선한 과일과 채소 향을 끌어내어 요리의 균형을 잡아주었다.

해산물은 화이트 와인에만 어울린다는 일반적인 생각과는 달리, 해변 라벤더를 곁들인 랍스터 요리는 우리가 선택한 레드 와인인 2015년산 마르케스 데 리스칼 '아리엔조' 리오하 크리안자와도 잘 어울

렸다. 그리고 파인 다이닝에는 반드시 와인이 필요하다는 통념과는 달리 야생 보이차가 다시 등장해 찬사를 받았다. 수백 년 된 나무에서 수확해 만들어진 차에는 고요함이 깃들어 있다. 이것이 바다의 신선함과 랍스터의 감칠맛을 끌어올리는 역할을 했다.

메인 코스로 졸인 레드 와인 소스를 곁들인 어린 비둘기 구이와 함께 마시는 보이차는 야생 고기와 담백한 소스, 레드 와인의 풍미를 기분 좋은 조화로 만들어냈다.

전체적으로, 차는 아시아 음식뿐만 아니라 지구 반대편에 있는 요리에서도 많은 역할을 할 수 있다는 것을 확인하는 놀라운 실험이었다. 프랭크 게리처럼, 그리고 프란시스 파니에고 셰프처럼 우리도 마음을 자유롭게 풀어놓기만 하면 된다!

마르틴 베라사테기 · 고전과 유행

열정적인 셰프들은 끊임없이 자신을 재창조한다. 레스토랑을 운영하는 집안 출신인 마르틴 베라사테기는 한때 모나코에 있는 알랭 뒤카스의 레스토랑인 르 루이 15에서 일했다. 그러다 1981년 자신의 집안이 운영하는 레스토랑인 보데곤 알레한드로를 물려받아 1986년 자신의 첫 미쉐린 별을 획득했다. 그리고 2001년에는 미쉐린 3스타 셰프라는 최고의 영예를 얻었다. 이 기간에 그는 전통적인 요리 기술과 더불어 독창성을 고집했다.

자신의 이름을 딴 레스토랑의 메뉴에는 각 요리가 만들어진 해가 표시되어 있다. 훈제 장어, 푸아그라, 녹색 사과는 1995년에, 해산물, 상추 크림, 요오드 주스를 곁들인 부드러운 채소 샐러드는 2011년에, 펜넬 소스에 잠긴 붉은 새우와 칸타브리아 안초비는 마르틴이 최근에 만든 요리로 그의 끊임없는 혁신을 엿볼 수 있는 음식이다.

식사는 소믈리에가 엄선한 스페인 와인과 페어링되었다. 동시에 나는 여러 코스 요리를 즐길 수 있도록 두 가지 차를 끓였다.

첫 번째로 등장한 차는 대만의 대우령 고산 우롱차로, 마르틴 셰프와 함께 마셨다. 마르틴 셰프는 이 농장이 위치한 해발 2,500m가 넘는 고산 지대의 환경이 어떻게 우롱의 숭고하고 신선한 향을 만들어내는지에 대해 배우면서 흥미를 느끼고 즐거워했다. 그는 스페인어로만 말했지만, 통역이 필요 없을 정도로 몸짓으로 이 차에 대한 찬사를 전했다.

식사가 끝날 무렵 등장한 두 번째 차는 윈난성의 500년 된 차나무에서 수확한 보이차였다. 디저트로는 바질, 그린빈, 아몬드 주스를 곁들인 레몬, 아이스 플라워티를 곁들인 파카리 초콜릿 빈, 코코넛 스펀지 케이크 등이 나왔다. 4시간 동안 이어진 식사 후에 맛이 진한 디저트는 때때로 너무 과할 수 있다. 하지만 보이차가 안도감을 주었다. 입안을 깨끗이 씻어주는 역할을 할 뿐 아니라 그윽한 맛과 스치듯 사라지는 향이 미각을 자극해 더 많은 것을 원하게 만들어주었다.

일레븐 매디슨 파크 · 컵 한 잔에 담긴 경이로움

2017년 세계 50대 레스토랑 순위에서 1위를 차지한 뉴욕의 일레븐 매디슨 파크에 처음 방문했을 때, 나는 매니저에게 내가 가져온 찻잔을 보여주었다. 명나라 시대(1368~1644년)에 만들어진 더화 도자기 잔으로, 미국의 역사보다 더 오래되었다고 설명했다!

매니저는 컵을 들고 미소를 지으며 물었다. "이거 진품인가요?" 나는 이렇게 대답했다. "진품 여부를 떠나서 같은 차라도 이 잔에 따라 마시면 맛이 달라집니다. 샴페인 플루트와 와인 잔에 큰 차이가 있는 이유와 같은 원리라 할 수 있죠."

그는 이해하고 미소를 지어 보였다.

찻잔은 와인 잔만큼이나 전문적이고 매력적인 요소다. 일레븐 매디슨 파크에서는 이미 차를 만들고 마실 수 있는 맞춤형 다기를 갖추고 있다. 이런 디테일 하나만 보더라도 세계 최고라는 타이틀이 아깝지 않다.

캐비아는 보통 샴페인이나 산뜻한 화이트 와인과 잘 어울린다. 나는 이러한 와인 대신 올해 수확한 용정 녹차와 페어링을 했다. 섬세하게 우러난 녹차가 캐비아 알을 감싸며 단맛을 끌어냈다. 이 유명한 녹차의 본고장인 항저우에서 그 유명한 시후 호수의 안개 낀 풍경을 연상시키는 향기가 입안을 가득 채웠다.

'비프 타르타르' 요리의 경우, 날 소고기를 테이블에서 갓 갈아낸 당근으로 재치 있게 대체했다. 이 요리를 통해 용정의 싱그러운 풀 향은 당근의 단맛과 불가분하게 뒤얽혔다.

이 환상적인 맛의 나라에서는 셰프와 손님 모두 음식과 차를 이리저리 조합해보고 싶은 영감을 받음으로써, 식사의 품격을 세계 최고 수준으로 끌어올릴 수 있다.

르 버나딘 · 산과 바다

미쉐린 3스타 레스토랑인 뉴욕의 르 버나딘은 해산물 요리로 유명하다. 경험적으로 해산물은 화이트 와인과 잘 어울린다. 실제로 이 레스토랑을 방문했을 때 각기 다른 두 소믈리에가 모두 생또방 프리미에 크뤼를 추천하기도 했다. 이 '표준적인' 페어링 외에도 우리가 발견할 수 있는 또 다른 선택지는 없을까?

해산물과 함께 차를 마실 때 나는 바다의 풍미를 살려주는 향이 가벼운 녹차를 찾는다. 콩과 같은 녹차의 향은 봄이 다가왔음을 알려주며 해산물에 빛나는 신선함을 더해준다.

메인 식사가 끝나고 난 후 우려낸 차로 만든 디저트인 말차 커스터드(절인 리치가 올려져 있다)와 재스민 아이스크림을 간절하게 기다렸다. 이 디저트에 어떤 차를 곁들일지 상의하기 위해 주방에 있던 이 레스토랑의 페이스트리 셰프인 토마스 라켈을 만났다.

예를 들어, 숙성 수선차가 적합할까, 아니면 재스민 차(토마스가 선택한 차)는 어떨까? 아니면 훈연한 향이 나는 정산소종은 어떨까?

푸젠성 통무촌의 정산소종은 서양 홍차의 기원을 찾을 수 있는 차로 알려져 있다. 손으로 직접 말아서 현지 소나무로 훈연해 특유의 스모키하고 송진 같은 특성을 보인다. 나는 뜨거운 물에 찻잎을 우려냈고, 한 모금을 마셔본 토마스는 소나무의 아로마에 놀라워했다.

디저트는 견과류와 꿀이 섞인 단맛 때문에 진한 맛이 났다. 서양 요리 전통에서 디저트의 단맛은 일반적으로 베리와 같은 과일의 산미로 상쇄된다. 하지만 정산소종의 소나무 연기는 지나치게 강한 단맛의 흔적을 없애고, 당분과 타닌의 조화로움을 선사하며 탁월한 역할을 했다.

가브리엘 크루더 · 맛을 위한 무대

가브리엘 크루더는 맨해튼 미드타운의 주요 극장들 인근에 있는 미쉐린 2스타 레스토랑이다. 테이블에서 직접 티 페어링을 해도 되냐고 물었더니 소믈리에와 매니저, 그리고 나머지 서비스 직원들이 와서 관심을 보였다. 그들은 차 냄새를 맡더니 어쩌면 이렇게 향이 뛰어난지를 물었다. 심지어 뜨거운 물을 가져다준 웨이터도 차의 향에 대해 연신 칭찬을 아끼지 않았다. 이 레스토랑에 나만의 무대를 만든 것 같아 기뻤다!

캐비아를 얹은 철갑상어와 사우어크라우트 타르트 애피타이저가 사과나무 연기에 둘러싸여 우리의 테이블에 도착했다. 나는 과일, 미네랄, 숯불 향이 일품인 무이수선과 페어링을 했다. 사우어크라우트의 톡 쏘는 맛이 수선의 향긋한 뒷맛을 끌어내면서 차는 타르트의 풍미와 어우러져 따뜻한 조화를 이루었다.

또 다른 애피타이저는 달걀노른자와 해바라기씨로 만든 걸쭉한 소스가 버무러진 엠머밀 스파게티였다. 수선의 과일 향과 함께 해바라기 씨앗의 고소한 아로마가 면과 어우러져 입안에서 춤을 추는 것만 같았다.

메인 코스인 향나무 널빤지 위에서 구운 그린 워크 부화장 송어는 대파 크림과 송어알을 곁들여 테이블 위에 올라왔다. 이번에도 수선이 훌륭하게 페어링을 이루었는데 바로 숙성 덕분이었다. 수년간의 저장고에서 숙성 과정을 거친 숙성차는 거의 모든 음식과 잘 어울리는 독특한 매력을 지니고 있다. 여기서 40년간 숙성된 수선차는 이 요리에 놀랍도록 우아한 그윽함을 더하며 기대 이상으로 잘 어울렸다.

감각 깨우기 29

르 쿠쿠 · 문화와 시간을 넘어

르 쿠쿠는 뉴욕 소호에 위치한 창의적인 프렌치 아메리칸 레스토랑으로 미쉐린 1스타를 받은 곳이다. 입구 문에 새겨진 이 레스토랑의 새 로고는 상나라(기원전 1600년경 ~ 기원전 1046년경)에서 제사를 지낼 때 사용했던 새 문양이 있는 중국 청동 그릇을 떠오르게 한다. 이렇게 동서양의 공명을 느낄 수 있는 식사가 시작되었다.

첫 번째 애피타이저인 테트 드 보 라비고테는 안초비를 얹은 크로켓 형태로 나왔다. 이 음식을 1985년산 대엽 보이차와 함께 곁들이자 안초비의 짠맛은 금세 사라지고 그 자리를 새로운 단맛이 채웠다. 나는 당나라 사람들이 어떻게 차에 소금을 넣게 되었는지를 생각하지 않을 수가 없었다. 이는 음료의 산뜻함과 감칠맛을 향상시키기 위한 아이디어였는데, 여기서는 안초비가 그 역할을 완벽하게 수행했다.

또 다른 애피타이저인 프로마쥬 드 테트는 장쑤성과 저장성의 고기 편육 요리가 떠올랐다. 보이차 테마를 이어서 이번에는 이 요리를 500년 된 야생 차나무에서 수확한 잎으로 만든 생보이차를 곁들였다.

차와 음식의 페어링은 탐구 과정이다. 두 가지 보이차를 우려냈더니 이어서 나온 요리들에 이 두 가지를 모두 페어링해볼 수 있었다. 때로는 어느 한쪽이 다른 쪽보다 더 잘 어울리기도 했지만, 두 가지를 번갈아 가며 마시다보니 새로운 차원이 더해지기도 했다. 즉, 차는 우리의 미각에 도전장을 제시하는 동시에 재미를 가져다주기도 하는 하나의 방법이다.

심지어 톡 쏘는 맛이 근사한 사워도우 바게트 빵도 차와 함께 먹으면 완전히 다른 느낌을 주었다. 빵을 한입 먹은 후 대엽 보이차를 한 모금 마시고, 다시 빵을 한입 먹은 후 500년 된 나무에서 만든 생보이차를 한 모금 마셔 보면… 서로 다른 빈티지의 두 차가 사워도우의 알싸한 맛과 어우러져 미식의 즐거움을 몇 배로 부풀려주었다.

메인 코스인 부야베스에서는 보이차의 향이 수프의 무거운 느낌을 녹여주면서 농어와 오징어의 부드러운 살점이 가진 신선함을 끌어올렸다. 그리고 디저트의 경우, 보이차에는 단맛을 마무리하기에 딱 적당한 수준의 타닌과 향이 있었다. 프랑스 디저트와 중국 차는 내가 생각할 수 있는 가장 행복한 조합 중 하나다!

장 조지 · 구원의 차

셰프 장 조지 봉게리히텐은 센트럴 파크가 내려다보이는 트럼프 타워에 있는 아름다운 레스토랑 장 조지를 포함해 뉴욕에 10곳 이상의 레스토랑을 소유하고 있다. 이곳의 퀴진은 프랑스 루아르 밸리의 소박한 맛에서 영감을 받고 동남아 요리의 요소를 가미한 것이 특징이다.

아보카도를 곁들인 참치, 게와 망고 샐러드, 아스파라거스와 아보카도 샐러드와 같은 앙트레 요리에서부터 북미산 새우, 흑농어, 페로 제도 연어, 와규 안심 등과 같은 메인 요리에 이르기까지 셰프의 창의력이 돋보이는 메뉴들을 선보였다. 모든 요리는 저마다 특징적인 단맛, 신맛, 매운맛 등 다양한 맛의 특성을 지니고 있었다.

특히 내가 주문한 랍스터 요리와 함께 나온 매콤한 소스는 랍스터 고유의 바다 내음이 나는 단맛을 가려버렸다. 내 입맛에 좀 더 맞추고 싶어서 정산소종을 끓였다. 황금색 주전자에 우려낸 차는 소나무 향을 은은하게 표현하면서도 차의 그윽함을 드러냈다. 아니나 다를까, 차는 소스의 매운맛을 누그러뜨리고 랍스터의 신선한 풍미를 되살려주었다.

아마도 강하고 대담한 맛을 선호하는 손님이라면 이 요리를 있는 그대로 즐길 수 있었을 것이다. 이 모든 것은 취향과 시도의 문제다. 자신의 식사에 차를 직접 페어링하는 경우는 자신의 입맛을 가장 잘 알 수 있지만, 전문 티 소믈리에가 서비스를 하려는 경우에는 상담과 관찰을 통해 식사하는 사람의 취향을 이해해야 한다.

실제로 차는 음식과 와인 사이에서 통합적인 역할을 할 수 있다. 식사와 함께 선택한 와인 한 병이 주문한 요리들 중 하나와는 이상적으로 어울리지 않는다면 차를 찾아보라. 예를 들어, 이번 식사에서 우리가 주문했던 우아한 본 로마네는 처음에는 셰프의 매운 양념에 압도당했다. 정산소종은 그 간극을 좁혀 음식, 와인, 차의 세 가지 요소가 모두 빛을 발할 수 있도록 도와주었다.

블루 힐 앳 스톤 반스 · 갓 도착한 신선함

뉴욕의 블루 힐 앳 스톤 반스를 처음 방문했을 때 식사에 달걀 프라이가 함께 나왔다. "미쉐린 스타 레스토랑에서 나오는 달걀 프라이에는 뭔가 특별한 것이 있나요?" 궁금한 마음에 이렇게 물었더니 웨이터는 "이 달걀은 오늘 아침 일찍 농장에서 레스토랑으로 곧바로 신선하게 배달된 것으로, 셰프가 정성껏 준비했습니다"라고 대답했다. 이것이 바로 이 레스토랑의 매력이라고 생각했다! 미니멀하지만 달성하기 어려운, 그날 나온 달걀은 정말 '갓 도착한 신선한' 달걀이었다.

두 번째로 방문을 했을 때는 테이블에서 직접 만들 차를 가져와 식사와 함께 마실 수 있도록 준비했다. 첫 번째 코스는 레스토랑의 농장에서 재배한 당근과 생 연잎, 네팔산 자몽에 블루베리 소스가 뿌려져 나왔다. 나는 이 음식에 삼림계 우롱, 그중에서도 특히 저연 우롱을 페어링했는데 이 우롱은 재배할 때 소록엽선(매미충)이 찻잎을 갉아먹음으로써 차를 우릴 때 꿀 같은 향이 나는 것이 특징이다. 이 차는 접시에 담긴 과일과 채소의 풍미에 따뜻하고 차분한 느낌을 더했다.

사슴고기로 만든 메인 요리는 푸젠성 무이 산맥의 바위 지형을 반영하는 1980년산 빈티지 무이수선과 페어링을 했다. 사슴고기는 너무나도 부드러웠다. 프랑스 출신의 셰프는 자신의 고향에서 온 사슴고기는 야생의 맛이 매우 강할 수 있다고 말했다. 하지만 그는 와인 외에 차 또한 사슴고기가 가진 야생의 풍미와 잘 어울릴 수 있다는 사실을 몰랐다.

디저트에는 숙성된 운남 임창 생보이차를 페어링하니 카네기홀의 마법 같은 음향이 떠올랐다. 고층에 앉아 있어도 피콜로가 연주할 때는 모든 음이 선명하고 또렷하게 들린다. 이 보이차는 디저트의 풍미에 대해서 그러한 역할을 하는 것 같았고, 그 자체로 하나의 반짝이는 주연 역할을 하면서도 디저트를 더욱 선명하게 음미할 수 있는 공간을 열어주었다.

블루 힐 앳 스톤 반스 · 갓 도착한 신선함

뉴욕의 블루 힐 앳 스톤 반스를 처음 방문했을 때 식사에 달걀 프라이가 함께 나왔다. "미쉐린 스타 레스토랑에서 나오는 달걀 프라이에는 뭔가 특별한 것이 있나요?" 궁금한 마음에 이렇게 물었더니 웨이터는 "이 달걀은 오늘 아침 일찍 농장에서 레스토랑으로 곧바로 신선하게 배달된 것으로, 셰프가 정성껏 준비했습니다"라고 대답했다. 이것이 바로 이 레스토랑의 매력이라고 생각했다! 미니멀하지만 달성하기 어려운, 그날 나온 달걀은 정말 '갓 도착한 신선한' 달걀이었다.

두 번째로 방문을 했을 때는 테이블에서 직접 만들 차를 가져와 식사와 함께 마실 수 있도록 준비했다. 첫 번째 코스는 레스토랑의 농장에서 재배한 당근과 생 연잎, 네팔산 자몽에 블루베리 소스가 뿌려져 나왔다. 나는 이 음식에 삼림계 우롱, 그중에서도 특히 저연 우롱을 페어링했는데 이 우롱은 재배할 때 소록엽선(매미충)이 찻잎을 갉아먹음으로써 차를 우릴 때 꿀 같은 향이 나는 것이 특징이다. 이 차는 접시에 담긴 과일과 채소의 풍미에 따뜻하고 차분한 느낌을 더했다.

사슴고기로 만든 메인 요리는 푸젠성 무이 산맥의 바위 지형을 반영하는 1980년산 빈티지 무이수선과 페어링을 했다. 사슴고기는 너무나도 부드러웠다. 프랑스 출신의 셰프는 자신의 고향에서 온 사슴고기는 야생의 맛이 매우 강할 수 있다고 말했다. 하지만 그는 와인 외에 차 또한 사슴고기가 가진 야생의 풍미와 잘 어울릴 수 있다는 사실을 몰랐다.

디저트에는 숙성된 운남 임창 생보이차를 페어링하니 카네기홀의 마법 같은 음향이 떠올랐다. 고층에 앉아 있어도 피콜로가 연주할 때는 모든 음이 선명하고 또렷하게 들린다. 이 보이차는 디저트의 풍미에 대해서 그러한 역할을 하는 것 같았고, 그 자체로 하나의 반짝이는 주연 역할을 하면서도 디저트를 더욱 선명하게 음미할 수 있는 공간을 열어주었다.

카페 불뤼 · 봄의 의식

매디슨 애비뉴를 따라 걷다 보니 온통 최고급 부티크들만 눈에 띄었다. 걷다 지쳐 76번가로 접어들자 카페 불뤼가 눈에 들어왔다. 카페라고 해야 하나? 아니면 레스토랑이라 해야 하나? 어느 쪽이든 그곳의 계절 메뉴는 거부하기가 쉽지 않았다.

차갑게 먹는 완두콩 수프 한 그릇에 봄의 첫 숨결이 느껴졌다. 완두콩 수프와 함께 마실 차로 봉오리 끝의 산뜻함이 완두콩 수프의 싱그러운 풀 향과 완벽하게 어우러지는 용정차를 선택했다. 진정으로 봄이 눈을 뜨는 순간이다.

다음으로는 큐민과 새콤한 체리 소스를 곁들인 크레센트 팜 오리로 만든 요리가 나왔다. 이 요리는 용정과 함께 먹기엔 너무 맛이 강렬해 1990년산 안계철관음을 페어링했더니 훨씬 좋았다. 묵직한 보디감을 지닌 숙성 우롱차의 은은한 산미가 오리고기가 가진 짙은 야생의 풍미와 절묘한 균형을 이루었다.

이어 철관음을 다음 코스인 진한 포트 와인 소스를 넣은 포르치니와 양송이버섯 리소토에 페어링했다. 처음엔 양념의 짠맛으로 인해 차의 균형이 약간 깨졌다. 하지만 차의 타닌이 상당히 많은 양의 침을 흘리게 했다. 이것은 요리와 철관음의 흔치 않은 조합으로, 이 차는 양념이 강한 요리의 영향을 완화시켜주었다.

젊은 소믈리에 킴벌리 프로코신은 차를 맛보기 전에 차의 아로마를 맡으며 좋은 와인을 마시는 것처럼 계속 코를 갖다 댔다. 특히 부르고뉴 와인을 좋아한다고 하는 소믈리에는 철관음을 한 모금 마시고는 "이 차는 단맛이 가득하네요. 그리고 뒷맛은 묵직하면서도 우아합니다"라고 말했다. 후각과 미각이 예민한 소믈리에가 차와 와인이 마치 가족과 같다는 것이 어떤 의미인지를 직접 경험하는 순간이었다.

라틀리에 드 조엘 로부숑 · 식탁의 삼위일체

조엘 로부숑은 미쉐린 스타를 획득한 셰프로, 전 세계에서 32개의 별을 획득하며 셰프 중 가장 많은 별을 받은 인물이다. 그의 앞에서 그의 음식을 맛본다는 것은 어떤 느낌일까?

2016년 9월, 로부숑은 자신의 타이베이 레스토랑인 라틀리에 드 조엘 로부숑에 있었다. 붉은색과 검은색으로 꾸며진 레스토랑의 인테리어는 그의 요리 작품에 경쾌하고 극적인 분위기를 더했다. 나는 이 활기찬 조합에 차를 접목하는 실험을 해보고 싶다는 생각이 들었다.

먼저 랍스터와 알로 만든 거장다운 요리는 식탁으로 바다의 맛을 아름답게 불러오는 샴페인과 페어링되었다. 그리고 나는 대만 중부의 해발 2,000m 고지에서 자라는 리산 고산 우롱차를 준비했다. 우롱의 과일 향이 요리에 매혹적인 느낌을 더했지만, 더 흥미로운 것은 랍스터를 한입 베어 물고 차를 마시면 랍스터 살의 식감에서 훨씬 더 풍부한 육즙과 탱글탱글함이 느껴졌다는 점이다.

물론 로부숑도 자신의 손님이 차와 와인을 집중해서 비교하는 모습을 보고 호기심에 질문을 하지 않을 수 없었던 모양이었다. 그의 예리한 후각은 차, 와인, 음식이라는 세 가지 향의 차이를 쉽게 구분할

감각 깨우기   37

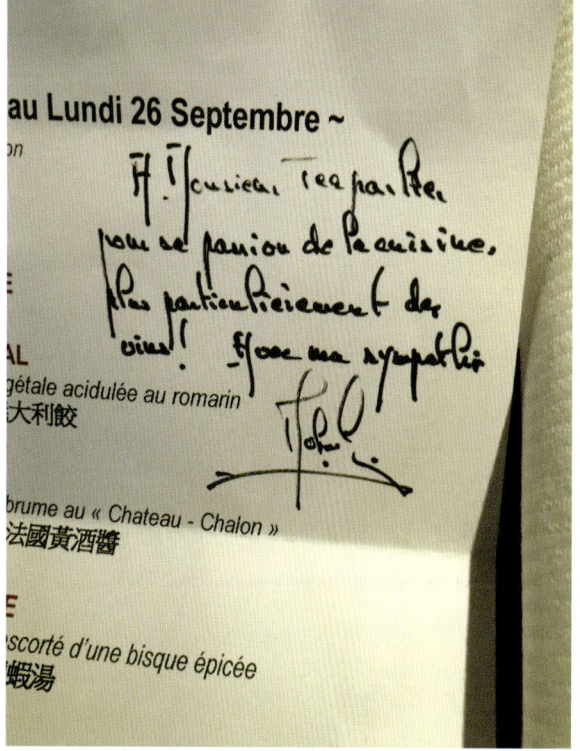

수 있었다. 나는 그를 진정한 식도락가로 기억한다.

　차와 와인, 음식의 교차는 이 식사를 멋진 경험으로 만들었다. 마치 교향곡에서 악기들 간의 상호작용을 감상하는 것과 같았다. 로부숑의 플레이팅에서 보이는 예술성은 감탄을 자아냈다. 이날 저녁에 마신 화이트 와인의 향기가 공기 중에 퍼졌다. 나는 절인 무로 옷을 입은 부드러운 가리비를 맛보았다. 리산 차의 미묘한 단맛이 나를 높은 산으로 데려다주었다. 위대한 셰프를 추억할 수 있는 완벽한 구성이었다.

패트릭 앙리루 · 참신함과 자연스러움의 공존

1933년 프랑스 비엔느에 위치한 라 피라미드는 미쉐린 3스타를 획득한 최초의 레스토랑 중 하나다. 현 오너 셰프인 패트릭 앙리루가 게스트 투어로 타이베이를 방문해 이 레스토랑에서 현대적이면서도 전통이 담긴 요리를 선보였을 때 나는 기쁘게도 그의 음식에 숙성 보이차를 페어링할 기회를 얻었다.

나는 100년 된 두안니(황록색 점토) 찻주전자에 '8582' 보이차를 끓였다. 미쉐린 2스타 셰프는 주전자를 자신의 손에 들고 있었는데 뜨거운 기운에 전혀 아랑곳하지 않는 듯했다. 그는 차의 향에 이끌려 여러 번 향을 맡았다. 이 차는 1985년 윈난성 쿤밍에서 만들어져 30년 이상 저장고에서 숙성된 것이다. 이 차를 우리니 밝은 붉은색을 띠었고 용안과 초콜릿 향이 났다. 프랑스 요리와 페어링하니 참신하면서도 자연스러운 느낌이었다.

앙리루 셰프는 수비드 방식으로 조리하는 해산물 요리에 특화되어 있다. 생선은 녹을 듯이 부드러웠고 껍질은 바삭하게 구워져 있었다. 그의 섬세한 손길이 닿은 소스는 가리비와 새우 고유의 바다 향 단맛을 확실히 살려주었다. 이 요리와 함께 숙성 보이차와 와인을 왔다 갔다 하며 마셨는데, 그날 저녁의 와인은 오래된 포도나무에서 수확한 포도로 만든 도멘 퐁소 클로 드 라 로슈와 2005년산 카사 라 포스톨레 클로스 아팔타라는 세계 100대 와인으로 선정된 칠레산 레드 와인이었다.

티 페어링에는 와인과 마찬가지로 경계가 없다. 광범위하게 미각을 만족시키며 기대감을 불러일으킨다. 프랑스 요리, 칠레 와인, 중국 차, 저마다의 스토리를 가진 이 모든 것이 색다르고도 혁신적인 만남을 만들어냈다.

안느-소피 픽 · 절묘한 쓴맛

프랑스 유일의 미쉐린 3스타 여성 셰프인 안느-소피 픽은 '쓴맛은 아로마의 복합성을 승화시킨다'고 말한 적이 있다. 이 개념이 내포하는 바는 무엇일까? 쓴맛이 어떻게 아로마의 승화로 이어질까? 그런데 이것이 바로 우리가 차를 마실 때 타닌이 가져다주는 쌉싸름한 쾌감이 아닐까?

실제로 안느-소피는 차의 부드러움, 특히 보이차와 녹차의 부드러움을 좋아한다. 안느-소피는 차의 쓴맛을 이용해 요리에서 새로운 풍미를 이끌어내는 것을 좋아한다. 이는 분자 요리법의 유행이 미식계에서 점차 사라지면서 많은 유럽 최고의 셰프들이 취하고 있는 새로운 방향이기도 하다.

안느-소피의 시그니처 요리 중 하나는 베를랭고[2]다. 이번 시즌에는 피라미드형 만두 속을 브리 치즈 필링으로 채우고 숙성 보이차와 함께 우려낸 버섯 육수에 담갔다. 이 독특한 재료들은 안느-소피가 가

---

[2] berlingot: 피라미드 형태로 된 프랑스의 캐러멜 사탕으로, 여기서는 베를랭고 형태만을 의미하는 것으로 보인다. – 옮긴이

진 자부심의 원천으로, 이 요리가 자신의 요리 업적에 있어 전환점이 되었다고 선언하기도 했다.

보이차의 타닌과 버섯은 각각 고유의 쓴맛과 단맛이 있다. 치즈 필링을 음미할 때야 비로소 보이차의 맛과 함께 입안에서 풍미가 터져 나왔다. 그리고 그 뒤를 이어 숲과 산의 매우 수수께끼 같은 향기와 함께 쌉쌀한 뒷맛이 느껴졌다. 아로마의 진정한 승화였다!

요리를 먹는 도중에 나는 내가 직접 우려낸 보이차를 국물에 조금 부었다. 이 보이차는 500년 된 나무에서 수확한 잎으로 만든 것으로 강한 기를 품고 있어 베를랭고에 또 다른 차원의 활력을 더했다.

내가 셰프에게 보이차 병차를 건넸고 셰프는 냄새를 맡자마자 500년이 의미하는 바를 바로 알아차렸다. 안느-소피의 예민한 후각은 향기로운 상상을 불러일으켰고, 그 순간 "이 차를 어디에서 구할 수 있나요?"라고 물었다. 좋은 차가 친구를 만난 순간이었다.

샤토 디켐과 보이차 · 고귀한 탐색

대부분의 와인 애호가들은 샤토 디켐이 최고의 스위트 화이트 와인이라고 입을 모은다. 보르도 남동쪽의 소테른 마을에서 생산되는 이 와인은, 테루아·기술·전통의 조합은 물론이고, 보트리티스 시네레아 균으로 생긴 포도의 '귀부'를 통해 그 특별한 품질을 얻었다.

프랑스인들은 샤토 디켐을 매력적이면서도 규정하기 어려운 향을 지닌 섬세하고 달콤한 와인으로 묘사한다. 북유럽 요리와 함께 페어링하면 다차원적인 식사를 체험할 수 있을 것이다.

북유럽 요리는 해산물을 기본으로 한다. 새우 육수를 부은 오징어 파스타는 맛있는 이 두 가지 재료를 결합시킨 요리다. 하지만 이 조합에 샤토 디켐 한 모금이 더해지니 해산물의 풍미가 더욱 돋보이는 흠잡을 데 없이 완벽한 꿀맛이 느껴졌다. 이쯤에서 나는 입안에 남아 있는 단맛을 누그러뜨리고 싶어 햇빛에 건조시킨 보이차를 한 모금 마셨다. 차가 혀와 잇몸에 닿자마자 부드러운 타닌이 산속의 샘물처럼 순식간에 상쾌함을 가져다주었다.

시트러스 소스와 양파 절임을 곁들인 돼지 어깨살 요리가 나왔다. 보이차와 함께 페어링하니 이 차의 또 다른 특징인 흙냄새와 야생 이끼 향이 드러났다.

나는 샤토 디켐의 총지배인인 장 필리프 르무안을 불러 차를 권했다. 그는 홍차만 마신다고 했지만 나는 그가 보이차에서 뜻밖의 친근감을 느낄 수 있을 거라고 생각했고, 그가 자세히 살펴볼 수 있도록 우려낸 찻물에서 잎사귀 몇 개를 꺼내 주었다. 그는 매우 신기하게 봉오리를 살펴보더니 "봉오리의 길이가 차나무의 키와 관련이 있나요?"라고 물었다. 알고 보니 제다인과 와인 양조업자들은 모두 같은 통찰력을 가지고 있었다. 장 필리프는 차로 인해 만들어지는 침의 양과 단맛에 놀랐고, 샤토 디켐과도 형언할 수 없는 특성을 공유한다고 느꼈다.

음식과 함께 차를 마실 때 차는 단순한 조연 역

할을 하는 경우가 많았다. 이곳에서는 훌륭한 와인이나 요리와 함께 페어링을 하니 햇빛에 말린 보이차가 주는 야생적인 특성이 충분히 발휘되었다. 단맛이 화려함과 미묘함을 숨겨서 차의 가벼운 자극이 없었다면 우리는 그 안에 숨겨진 미묘한 특성을 발견하지 못했을지도 모른다.

로랑 퐁소 · 비단처럼 부드러운 촉감

로랑 퐁소가 탁월한 와인을 만드는 비법을 터득하는 데는 20년이 걸렸다. 그는 가족 소유의 샤토에서 비료를 사용하지 않는 내추럴 와인을 만드는 것으로 명성을 쌓았다. 2017년에는 자신의 이름을 딴 브랜드를 만들고 자신의 방식에 따라 최상급 부르고뉴 와인을 생산하고 있다.

'부르고뉴의 인습 타파자: 로랑 퐁소'는 그의 최신 와인을 출시하기 위해 기획된 행사로, 이때 선보인 두 가지 뛰어난 화이트 와인은 섬세함과 과일 향, 그리고 이 와인 메이커의 시그니처가 된 입안의 매끈한 감촉을 자랑한다. 게알 애피타이저와 페어링된 이 와인들은 게알의 진한 풍미를 강조하고 단맛을 끌어내 입안에서 오랜 여운을 남겼다.

소홍주로 만든 소스를 곁들인 새우 요리에는 2016년산 로랑 퐁소 제브레 샹베르탱 퀴베 드 롤룬이 함께 나왔다. 이 요리에 사용된 레드 와인은 도발적이고 관능적인 맛으로 새우는 화이트 와인과만 어울린다는 '법칙'을 완전히 무너뜨렸다. 그렇다면 이 요리는 차와 어떻게 페어링을 하면 돋보일까? 나는 장청 생보이차를 선택했다. 새우를 깨물기 전에 부드러운 차를 한 모금 마셨더니 육질이 훨씬 더 부드러워졌고 육즙도 느껴졌다.

치킨 콘지(㈜)의 제비집은 소박한 요리에 고급스러움을 더했다. 로랑 퐁소의 2016년산 코르똥 샤를마뉴 퀴베 뒤 칼리메리스가 제비집의 아주 섬세한 풍미를 강조했다면, 보이차는 재료의 질감에 다시 한 번 마법을 걸어 제비집을 반지르르 윤이 흐르도록 부드럽게 만들었다.

로랑은 500년 된 나무에서 채취한 잎으로 만든 보이차를 한 모금 마실 때 찻잔에 코를 가까이 대고 깊게 숨을 들이마시며 향기의 모든 분자까지 음미했다. 그는 이 차가 꿀의 달콤함과 이끼의 향이 섞인 매우 복합적이지만 균형 잡힌 차라는 것을 알아챘다. 한 모금 마시자 자신의 잇몸을 감싸며 침이 고이는 것을 매우 강하게 느꼈다. 그는 '비단처럼 부드럽다'고 감탄했다. 로랑 퐁소의 와인처럼 말이다.

차와 와인을 같은 시각으로 바라보고 페어링이 더 폭넓게 받아들여지면 '음식과 와인'과 '음식과 차'는 상호 교환이 가능한 개념이 될 것이다. 로랑은 이렇게 말했다. "그런 트렌드를 목격하기를 매우 기대하고 있습니다!"

베가 시실리아 · 시간이 밝혀주는 것

보데가스 베가 시실리아의 와인은 세계에서 가장 유명한 와인 중 하나다. 이 스페인 와이너리의 대표 와인인 우니코는 오크통에서 10년 이상 숙성된 후 병에 넣어 판매된다. 저장고에서 나온 와인은 장미, 어두운색 과일류, 삼나무의 아로마와 함께 독특하게 진하고 강력한 향을 풍긴다. 그중에서도 세 가지 빈티지를 블렌딩해 탁월한 품질로 탄생한 우니코 리제르바 에스페샬이 특히 인기가 높다.

차의 세계에서도 인자(印子)급 보이차 또는 호자(號字)급 보이차의 제조는, 와인과 마찬가지로 다양한 종류의 차나무 잎을 블렌딩하는 제다인의 경험에 따라 달라진다. 그리고 마찬가지로 차도 시간이 지남에 따라 숙성되며, 올바른 조건에서 보관할 경우 서서히 진행되는 후발효 과정을 거쳐 최상급 차가 만들어진다. 시간이 지남에 따라 품질이 향상된다는 사실이 알려지면서 숙성된 보이차의 가격은 많은 차 애호가들이 생각하는 것보다 빠르게 상승하고 있다!

베가 시실리아의 오너인 파블로 알바레즈와 함께 차, 와인, 음식을 먹으며 이 미식의 삼위일체에 대한 생각을 나누었다. 베가 시실리아의 와인과 숙성 보이차가 공유하는 또 다른 특징은, 음식 페어링에서 둘 다 다양하게 활용된다는 점이다.

하몽 이베리코, 파에야, 립아이 스테이크, 양갈비, 심지어 귀부 와인 소스를 곁들인 디저트 등 그 어떤 음식에 페어링해도 이 와인은 고전적인 균형감과 성숙한 우아함으로 더욱 완벽한 댄스 파트너가 되어준다. 잘 숙성된 보이차도 마찬가지여서 입안에서 풍미가 오래 지속되고 평소에는 느끼지 못했던 모든 향이 드러난다. 끝없이 이어지는 뒷맛은 훌륭한 차가 지닌 특징이다.

감각 깨우기 47

JL 퓨전 · 차의 지혜와 지식

동남아시아 하면 매운 음식 외에 어떤 요리가 떠오르는가? 타이중에 위치한 미쉐린 2스타 레스토랑인 JL 스튜디오는 지미 림 셰프가 이끄는 곳으로, 동남아시아, 특히 싱가포르 요리를 재치 있게 재해석한 요리를 선보인다.

빼빼로 막대기처럼 생긴 음식이 등장했을 때 나는 셰프의 유머 감각에 감탄했다. 대표적인 막대기 과자 대신 이 '빼빼로' 막대기는 싱가포르식 돼지고기 육포와 화롄산 후추(리세아 쿠베바)로 만들어졌다. 이 요리와 잘 어울리는 레드 와인이 함께 나왔는데 그 조합은 내 감각에는 너무 강력했다. 여기에 차를 페어링하면 훨씬 더 잘 어울릴 것 같았다.

소록엽선이라고 불리는 작은 벌레에 물린 잎으로 만든 우롱차는 독특한 꿀 향과 맛을 띤다. 이 반발효차를 마셨더니 후추의 매운맛이 누그러지고 레몬 향의 톱 노트가 강조되면서 미각이 진정되었다.

우롱은 다른 많은 요리와도 잘 어울렸다. 성게알, 파파야, 고구마로 만든 애피타이저는 차의 영향으로 더 신선하고 달콤한 맛이 났다. 펑후산 새우, 바나나꽃, 커리로 된 스낵과도 어울렸고, 말레이식 아삼 락사에서 영감을 받은 새콤한 국물에 바삭한 비늘을 얹은 옥돔 구이와도 어울림이 좋았다.

메인 코스는 캐러멜라이징 한 피시 소스, 그린 칠리, 프타이 콩을 곁들인 앵거스 비프 갈비였다. 여기서 우롱은 제외되었다. 대신 이 요리에는 세련된 산미와 베리 향을 지닌 2016년산 레드 버건디를 페어링해 입맛의 균형을 되찾았다. 고급스러운 향을 풍기는 '반둥' 장미 디저트로 저녁 식사가 마무리되며 미식의 향연이 끝났다.

음식, 와인, 차는 식탁에서 무수히 많은 조합을 만들어낸다. 셰프, 레스토랑, 손님들이 점점 더 이 세 가지를 총체적인 식사를 체험하는 일부로 인식하면서 더 많은 가능성이 열리고 있다!

2
티 페어링의 예술

티 페어링: 향기로운 문화유산

티 페어링의 예술을 제대로 이해하고 숙련된 솜씨와 즐거움으로 이를 실천하기 위해서는 이 전통이 어떻게 오늘날까지 이어져 내려왔는지 살펴볼 필요가 있다. 아시아에서 차를 곁들인 식사의 역사는 최소한 천 년 전으로 거슬러 올라가며 중국, 일본, 한국을 비롯한 여러 문화권에서 친숙한 관습이다.

중국 식사에서 차는 여러 가지 역할을 한다. 식사 전에는 입안을 개운하게 하기 위해, 식사 중에는 요리와 함께, 식사 후에는 입안에 남아 있는 기름기를 제거하기 위해 마신다.

식사 중에 차를 활용하는 가장 기억에 남는 방식은 중국 남부 차오저우(조주 또는 조산으로도 알려짐)의 음식 문화에서 찾아볼 수 있다. 차오저우의 식당에 들어가 자리를 잡으면 진한 차가 담긴 달걀 껍데기처럼 얇은 도자기 컵이 쟁반에 받쳐 테이블 위에 놓여 있는 것을 볼 수 있다. 강하게 홍배를 한 이 무이차는 식욕을 돋우며 식사에 대한 기대감을 높여준다.

식사 중 메인 코스가 나오기 전에는 소화를 돕는 불수감 초절임으로 만든 차가 나오기도 한다. 이제 손님들의 입맛은 메인 요리를 기대하게 된다.

중국 전통 요리가 나올 때 일부 식당들에서는 향편(香片)이라고도 하는 재스민 향이 나는 차를 내놓기도 한다. 하지만 일반적으로 이 차의 경우 품질에는 크게 신경을 쓰지 않는다. 반면, 새로운 스타일의 상하이 요리가 대만에 등장했을 때 식당들은 이 음식들과 이상적인 조화를 이룰 수 있는 대만산 금훤

우롱차를 내놓았다.

예전에 광둥식 음식은 일반적으로 짚으로 만든 매트 냄새가 나는 품질이 좋지 않은 보이차와 페어링되기도 했다. 이러한 이유로 대만에서는 보이차가 '곰팡내 나는 차'로 알려져 있다. 국화꽃을 첨가하면 냄새를 완화하는 데 도움이 되는데, 이러한 블렌드는 광둥요리의 강한 풍미와 잘 어울려 지나친 느끼함을 잡아주기도 한다.

역사적으로 차와 음식의 페어링은 명나라 고원경이 편집한 전춘년의 『다보(茶譜)』(차에 관한 책)에 기록되어 있다. 이 논문에는 당시 사람들이 식사와 함께 차를 마시고 이뇨·해독 효과를 누렸다고 설명되어 있다. 16세기 후반에 출간된 중국 본초학의 대가 이시진의 저서인 『본초강목』(약물학 개요)에도 차가 신체의 알코올 독성을 완화할 수 있다고 기록되어 있다.

실제로 알코올은 중추 신경계를 마비시키는 효과가 있지만, 차에 함유된 카페인과 폴리페놀 화합물은 대뇌 피질을 자극해 중독의 영향을 줄인다. 이것이 바로 중국인들이 과음한 후 차를 찾는 이유다!

티 페어링은 중국에서 수 세기 동안 지속되어 온 관습이다. 하지만 음식과 함께 마시는 차의 긍정적인 효과에 대한 기록은 있지만, 이러한 관행이 체계적인 방식으로 문서화되지는 않았다. 오늘날 서양에서 체계적인 티 페어링이 인기를 얻으면서 일부 사람들은 이 개념이 서양에서 유래한 것으로 생각하기도 한다!

다연의 간략한 역사

중국의 티 페어링 전통은 아마도 다연으로 알려진 전통적인 차 잔치 또는 차 연회를 통해 가장 잘 설명할 수 있을 것이다.

일찍이 위나라, 진나라, 남조, 북조 시대부터 차 연회는 손님을 접대하는 데 활용되었다. 백과사전인 『태평어람(太平御覽)』(태평흥국의 기록물)에 따르면 동진 왕조(서기 317~420년)의 재상 왕몽은 차를 매우 좋아했다고 전해진다. 그는 손님이 다연에 참석하는 것을 두려워할 정도로 차를 많이 마시도록 독려했다고 한다. 그 이후로 사람들은 그의 초대를 받을 때마다 이렇게 말했다고 전해진다. "오늘 익사 사건이 일어날 겁니다."

또한 동진 때 육납은 오흥의 태수로 있었다. 한 번은 사안이 그를 방문했을 때 육납은 '차와 과일만' 대접했다. 이것은 당시에는 다량의 술이 아닌 차와 과일로 손님을 대접했음을 시사한다. 그런데도 다연은 참가자들이 익사할 것 같을 정도로 자유롭게 술 또한 흘러넘쳤던 것으로 미루어 짐작할 수 있듯이 성대한 사교 행사였다.

당나라 시대(서기 618~907년)에 녹차의 생산·소비와 함께 다연이 인기를 얻으며 또 한 번의 정점에 이르렀다. 후저우에서 생산된 자순과 창저우에서 생산된 양선 같은 차는 황제에게 공물로 바쳐졌을 뿐만 아니라 지방 관리들끼리 즐기기도 했다.

당나라 문인들은 규모가 성대한 다연을 즐겼다. 위대한 백거이는 어느 시에서 진주와 옥으로 치장한 아름다운 여인들이 북소리에 맞추어 노래하고 춤추는 장면을 그려보며 자신이 놓친 한 다연에 대해 아쉬움을 표현했다. 녹음이 우거진 산과 날아다니는 나비를 배경으로 후저우와 창저우의 유명한 봄 차를 시음하고 비교하는 모습이 묘사되어 있다.

다연에서는 찜, 속을 채운 요리, 삶은 요리, 조림, 볶음, 구이, 훈제, 완탕 등 볶고 삶고 담그고 뿌려서 차게 또는 따뜻하게 제공되는 온갖 별미들이 나왔음을 상상할 수 있다.

차와 음식을 함께 즐기는 여정을 통해 과거의 다연에서 영감을 얻고 전통을 현대 생활에 접목하는 새로운 방법을 발견해보길 바란다. 이 장의 다음 섹션에서는 나의 경험을 바탕으로 식사에 티 페어링을 도입할 수 있는 기회를 소개하고자 한다. 이 여정은 애피타이저에서 채소·해산물 요리에 이르기까지, 그리고 가장 소박한 가정식 요리에서 가장 성대한 차 만찬에 이르기까지 모든 음식군을 다 다룰 것이다.

티 페어링의 예술　55

본 아페티: 차와 함께 하는 식사 시작하기

서양식 식사에서 애피타이저와 식전주가 식욕을 돋우는 기능을 한다면, 식전 차에는 어떤 기능이 있을까?

중국에서 식사 전에 마시는 차 한 잔은 우아한 놀라움을 준 다음, 음식에 대한 식욕을 자극한다.

차오저우의 식사 전통에는 음식을 먹기 전에 무이차를 진하게 마시는 것이 포함된다. 예전에는 타이베이 위엔환에 조주식 식당이 두 곳 있었는데, 이곳에서는 차를 끓이는 사람이 문 앞에 상주하며 도자기 개완(뚜껑이 있는 다기)으로 차를 진하게 우려냈다. 손님이 자리에 앉으면 끓인 차가 작고 섬세한 컵에 담겨 테이블로 나왔다. 손님은 잔을 들고 몇 모금 만에 차를 다 마신다. 이제 요리를 주문하면 곧바로 첫 번째 차가운 요리가 나온다. 이것이 중국인들이 식사 전에 차를 즐기는 간단하면서도 오랜 역사가 담긴 방식이다.

서양에서는 다양한 전채 요리와 애피타이저에 차를 곁들여 마시는데, 그중에는 푸아그라나 캐비아 같은 고급 식재료가 포함되기도 한다. 이러한 음식과 차를 페어링하기 위해서는 세심하게 계획해야 한다.

예를 들어 캐비아의 경우, 차의 향이 너무 강해서 캐비아의 단맛과 신선함을 압도하지 않도록 하는 것이 중요하다. 그래서 한 가지 방법은 발효되지 않은 녹차나 가볍게 발효된 황차를 선택하는 것이다. 또한 마시는 온도는 이상적으로는 40°C가 적당하다. 캐비아는 일반적으로 상온 또는 차갑게 나오는 프리미엄 식재료다.

푸아그라는 일반적으로 소테른과 같은 달콤한 화이트 와인과 페어링된다. 와인 대신 차를 페어링하고 싶다면 꿀 향이 나는 저연(소록엽선에 찻잎의 즙이 빨린) 우롱차나 주로 잎눈으로 만든 홍차가 좋은 선택이 될 것이다. 이 차들은 달콤한 향이 나고 타닌 함량이 낮아서 좋은데, 그렇지 않다면 거위 간의 맛을 압도할 수 있다.

어떤 경우든 차와 음식은 상호 보완적이어야 하며 서로 경쟁하거나 다른 한쪽을 덮어서는 안 된다. 오랜 역사와 전통 속에 숨겨진 잠재력을 발견하면서 와인 잔을 찻잔으로 바꾸면 새로운 미식을 체험할 수 있을 것이다.

채소와 홍배차

차와 채소는 각각 별개로 볼 수도 있고 파트너로 간주할 수도 있다. 흥미로운 순간은 두 가지의 원초적인 맛이 매혹적인 춤을 추며 어우러질 때다. 아래에서는 다양한 간단한 가정식 채소 요리와 차를 페어링하는 방법을 설명한다.

잎채소: 녹색 잎채소를 조리할 때는 채소 본연의 풍미를 유지하고 보완하는 것이 중요하다. 중국 시금치 볶음은 천일염과 올리브유로만 간을 하며, 입안에서 감칠맛이 꽤 오래 지속되는 것을 느껴진다. 대만 루구의 용룽촌(永隆村)에서 20년 숙성된 홍수 우롱과 함께 곁들이면 아주 잘 어울릴 것 같다. 우선 차를 마시기 전에 줄기를 한입 베어 문다. 차의 향이 시금치의 채소 향과 맞물려 이 호박색 우롱차를 처음 마셨던 20년 전의 기억이 떠오른다. 그 세월은 차에 성숙함을 가져다주었지만 여전히 기운을 북돋우는 신선함이 남아 있다.

가지와 박과 식물: 길쭉한 가지를 껍질을 벗기고 반으로 가른다. 그 위에 미소 된장을 살짝 바른 다음 가지를 오븐에 넣어 굽는다. 다 익으면 올리브유를 살짝 뿌리고 흰 통깨를 흩뿌린다. 그리고 동방미인차와 페어링한다. 잘 익은 과일을 연상시키는 이 고급스러운 반발효 차는 참깨와 된장이 서로 얽힌 풍미와 완벽한 대조를 이루며 이 단순한 요리에 독특한 품격을 더한다.

우리고 난 찻잎도 가정식 요리에 사용할 수 있다. 중국 주방에서 오이를 손질하는 가장 인기 있는 방법은 칼의 평평한 면으로 오이를 '으깨듯 부순' 다음 대충 잘게 자르는 것이다. 이 차가운 음식에는 때때로 매운 소스로 드레싱을 하기도 하지만, 나는 우리고 남은 우롱차 잎과 소금을 넣어 오이를 밤새 재워둔다. 아삭아삭한 오이 조각을 씹을 때마다 차 향이 가득 퍼진다. 이것은 음식에 차를 더하는 또 다른 방법이다.

버섯: 먼저 새송이버섯을 소금과 절인 오이를 넣은 물에 데쳐서 버섯에 식욕을 돋우는 톡 쏘는 향을 더한다. 새송이버섯은 살짝 씹히는 느낌인 알 덴테로 익혔을 때 가장 맛있다. 올리브유 1작은술과 후추를 살짝 뿌려서 내놓으면 된다. 이 음식에 페어링하기 위해 나는 우아한 미네랄 노트가 버섯에 있는 놀라운 깊이를 끌어내는 무이차를 선택했다. 곧이어 블랙 트러플을 연상시키는 자극적인 향이 입안 가득 퍼진다.

신선한 표고버섯은 가이세키 스타일로 조리하면

무이차와도 환상적인 궁합을 이룬다. 버섯 갓에 십자 모양으로 칼집을 내고 숙성된 레드 와인 식초와 흰 후추 약간, 그리고 버터를 뿌린 다음 오븐에 굽는다. 버섯을 한입 베어 물었다가 차를 한 모금 마시고, 숯불에 덖은 차의 맛있는 캐러멜 향과 함께 버섯의 풍미가 변하는 것을 음미해보라.

두부: 생두부에서 건두부, 푸주에 이르기까지 모든 종류의 두부 제품은 그 은은한 풍미로 인해 티 페어링에 적합하다. 다양한 차와 페어링하면 두부는 수천 가지의 얼굴을 갖는다. 두부와 차는 물의 수질에 따라 생사가 갈린다는 점에서 밀접하게 연관되어 있다. 차가 좋은 물에서 그 잠재력을 충분히 발휘하는 것처럼, 두부도 콩 본연의 단맛을 살리기 위해서는 좋은 물이 있어야 한다. 나는 유기농 푸주 튀김을 안계철관음과 함께 먹는 것을 좋아한다. 바삭바삭한 푸주 튀김을 한입 베어 물고 철관음을 한 모금 마실 때마다 그윽함이 입안에 퍼지고, 이어서 그리움을 자아내는 철관음의 뒷맛이 따라오는데, 이 맛있는 차를 한 모금 더 마시고 싶어 애가 닳게 된다.

채식과 차

'채식'은 건강이나 윤리적 측면에서 거론되는 경향이 있다. 그러나 채식의 타당성에는 또 다른 측면도 있다. 채식은 음식의 섬세한 풍미는 물론이고 음식, 몸, 마음 사이의 연결고리에 대한 인식을 열어준다. 일반적으로 채식 요리는 미각에 더 가볍게 느껴지므로 차와 페어링하기에 더없이 좋다. 차는 다음과 같은 여러 가지 방식으로 감각을 고양하고 채식 요리에 품격을 더해준다.

- 향: 차가 지닌 향기는 후각을 일깨워준다.
- 단맛: 차를 마음에 담아 음미하면 단맛이 끝없는 행복감의 원천으로 거듭난다.
- 뒷맛: 여운을 남기는 차의 뒷맛은 미각을 자극하고 식욕을 돋운다.
- 원기: 차의 부드러움과 정결함은 차의 생명력을 증명한다.
- 그윽함: 차를 마시면 봄날의 산들바람처럼 몸과 마음이 상쾌해진다.

채식 식단은 홍배를 한 차, 특히 대만인들에게는 숙차라고 부르는 중간 정도로 홍배를 한 반발효 차와 완벽한 조화를 이룬다. 여기에는 철관음, 무이암차, 중배 우롱차 등이 있다.

그렇다면 홍배를 한 차의 어떤 부분이 그렇게 특별할까? 홍배는 변화의 과정을 촉진하는 동력이다. 열을 사용해 차의 품질을 안정화시키는 동시에 맛을 변화시킨다. 홍배가 제대로 된 차는 숙성이 된 후에도 쉽게 생기를 되찾는다. 반대로 잘못 홍배를 하면 차에 숯 맛이 남는다. 홍배는 차에 있는 다당류의 전환을 촉진해 끝없이 그윽한 뒷맛을 남긴다.

이러한 의미에서 차를 로스팅하는 홍배는 그 자체로 하나의 예술이다. 일부 차 애호가들은 특정 가게의 마스터 홍배사가 만든 독특한 홍배 스타일에 익숙해져서 항상 그 가게에서 차를 구입하기도 한다.

숙차라는 넓은 범주 안에도 다양한 차들이 있는데, 눈에 띄는 저마다의 개별적인 특징이 있다.

철관음은 특별한 홍배의 풍미와 독특한 '관음 여미(餘味)', 즉 '관운(觀韻)'을 지니고 있다. 대표적인 안계철관음을 처음 맛봤을 때 잘 익은 과일의 감미로운 향이 느껴졌다. 꿀처럼 노랗게 우러난 이 차는 입 안에 부드러운 촉감을 남기면서 캐러멜과 숯불 향이 나의 목구멍을 미끄러져 내려갔다. 내 미각이 자극되고 혀에는 약간의 톡 쏘는 얼얼함이 느껴지더니 틀림없는 관운이 터져 나왔다.

반면 무이차는 무이차 나무가 잘 자라는 암석 토양 덕분에 미네랄이 풍부한 것으로 유명하다. 산의

샘물이 토양에 스며들어 나무에 영양을 공급한다. 나무의 뿌리에서 나오는 산성 분비물이 바위를 풍화시켜 양분을 분해함으로써 뿌리가 양분을 흡수하도록 돕는다. 이러한 미네랄 맛 외에도 무이차의 특성은 생산에 활용되는 특별한 홍배 기법을 통해서도 더욱 강화된다.

우롱차는 테루아 또는 산 정상의 기운을 강조한다. 토양에서 흡수된 영양분은 우려낸 차의 맛과 향에 반영된다. 따라서 차 생산지마다 각기 다른 토양과 기후로 인해 산 정상의 기운도 달라진다. 홍배는 이러한 차이를 더욱 두드러지게 할 뿐만 아니라 차가 숙성하는 과정에서 차의 품질을 보존하는 역할을 하기도 한다. 장기 보관 중 습기로 변질되는 것을 방지하기 위해 많은 우롱차가 몇 년에 한 번씩 주기적으로 홍배 과정을 거친다.

이렇게 홍배를 한 우롱차는 각자의 고유한 방식으로 채식 요리에 정갈하면서도 매우 섬세한 특성을 부여한다.

육류와 차: 타닌의 문제

차를 육류에 페어링하는 것은 차의 타닌 성분이 고기를 건조하고 질기게 만들 수 있기 때문에 쉽지 않은 도전이다. 그러나 신중하게 선택하면 잘 어우러지는 페어링을 많이 찾을 수 있기도 하다. 차의 종류는 당연히 고기의 종류, 고기의 익힘 정도, 그리고 조리 방법에 따라 달라진다.

소고기, 양고기, 사슴고기는 레어나 미디엄으로 익혔을 때 가장 맛있다. 이러한 육류들을 무이차와 페어링하면 무이차가 지닌 특유의 산미 성분이 고기를 더 부드럽게 해 우리를 놀라게 할 것이다. 주목할 만한 무이차로는 대홍포, 육계차, 철라한, 백계관 등이 있다. 붉은 고기에 비해 닭고기와 돼지고기는 육류 섬유질이 더 촘촘하기에 강하게 홍배를 한 차는 적합하지 않다. 이는 타닌이 육질을 질기게 만들기 때문이다.

물론 차를 선택할 때는 고기를 요리할 때 사용한 양념도 고려 요소다. 중국 요리에서 고기를 요리할 때는 일반적으로 간장, 식초, 그리고 기타 여러 가지 양념을 넣는데, 이러한 양념은 지역별로 다양하다. 따라서 중간 정도로 홍배를 하고 적당히 발효된 차를 고르면 이러한 차가 지닌 부드러움이 다양한 풍미와 조화를 이룰 수 있다. 이 카테고리에는 동정 우롱, 목책철관음, 동방미인 등 다양한 차들이 있어 이 중에서 선택하면 된다. 즐겁게 실험해보자!

육류 요리와 함께 곁들이는 것으로는 항상 레드 와인이 떠오르지만, 다음에는 차를 페어링해보자. 또 다른 세계가 우리를 기다리고 있을 것이다.

해산물과 녹차의 대조

생선, 새우, 게, 조개 등과 같은 해산물과 잘 어울리는 차에는 어떤 것들이 있을까?

섬세한 풍미와 식감으로 인해 생선은 차와 페어링하기에 가장 적합한 식재료 중 하나다. 자연산 생선은 풍미가 매우 뛰어나며 바다의 향이 물씬 느껴진다. 따라서 너무 강하게 홍배를 한 차와 페어링을 해서는 안 된다. 발효되지 않았거나 살짝 발효된 차가 더 바람직한데, 이러한 차들은 생선의 신선한 맛을 더욱 살려주는 밝은 풀 향을 지니고 있기 때문이다.

생선회 모듬을 먹을 때는 색이 옅은 생선부터 시작해서 색이 짙고 맛이 강한 생선으로 넘어간다. 차도 마찬가지로, 가볍게 우려낸 차에서 시작해 더 오래, 더 진하게 우려낸 차로 넘어가면 미각의 즐거움이 점점 더 고조되는 크레센도를 경험할 수 있다.

생선찜은 대체로 기름, 식초, 파, 생강, 마늘로 마무리하는데, 이러한 재료들은 예외 없이 음식의 전체적인 맛에 영향을 미친다. 이 생선찜에 어울리는 차는 재료들의 풍미들을 재구성해 맛있는 조화를 이루도록 돕는다. 이러한 목적에서는 용정차, 벽라춘과 같은 녹차나 가볍게 발효를 시킨 포종차 등이 뛰어나게 페어링된다.

한 가지 예외는 연어다. 우리가 먹는 대부분의 연어는 산지에서 냉동했다가 판매 또는 소비하기 전에 해동하기 때문에 식감이 다소 거칠고 섬유질이 많은 경향이 있다. 이 때문에 녹차와는 잘 어우러지지 않는다. 대신 동정 우롱과 같이 가볍게 홍배를 한 차가 훨씬 더 궁합이 좋다.

아니면 일본식 반차를 시도해보라. 반차는 세컨드 플러시 녹차로, 말하자면 잎눈을 이미 따고 난 후에 잎을 수확하고 줄기를 제거한 후 수확하는 차다. 이 잎을 가볍게 솥에 덖으면 황금빛 갈색이 우러나는 그윽한 차가 만들어지는데 센차보다 더 구수한 냄새가 난다. 반차는 연어의 나무 향을 강조하는데, 서로 맛을 보완해주어 공존을 보여주는 좋은 예다.

새우, 게, 갑각류는 양념해서 구워 먹을 때 백차 또는 녹차와 같이 가볍게 발효된 차와 페어링이 가장 좋다. 이러한 차는 해산물의 섬세한 신선함을 가리지 않도록 가볍게 우려내야 한다. 해산물을 걸쭉한 소스나 태국식 커리처럼 강한 향을 내는 요리로 조리할 때는 소록엽선 동방미인차나 부드러운 잎눈으로 만든 홍차와 같이 자연스러운 단맛이 나는 차를 선택하는 것이 좋다.

굴이나 조개와 같은 조개류는 일반적으로 화이트 와인과 잘 어울린다. 굴과 미네랄이 풍부한 화이트 와인은 굴의 짭조름한 풍미를 보완하는 고전적인 조합이다. 티 페어링을 원한다면 포종차나 녹차가 좋은데 이 차들의 파릇파릇한 향이 조개류와 놀라운 조화를 이루기 때문이다.

가리비 관자는 특별히 언급할 만한 가치가 있다. 제철 백차처럼 가볍게 발효된 차와 이상적으로 페어링이 된다. 백차는 약간 단맛이 나지만 지나치게 향이 강하지 않다. (가운데 부분이 부드러운 상태를 유지하도록 조심스럽게 익힌) 관자를 한입 베어 물 때 백차는 관자의 맛을 훔치지 않을 뿐 아니라 관자의 맛을 최고로 끌어올려주는데, 그 반대의 경우도 마찬가지다.

쌀, 국수, 그리고 파스타

아시아의 면과 이탈리아의 파스타는 같은 범주에 속하는 것처럼 보이지만, 나는 경험을 통해 티 페어링에 있어서는 이 둘을 달리 접근해야 한다는 사실을 깨달았다. 아시아의 면이나 쌀 요리의 경우 전분이라는 요소에 초점을 맞추고, 같은 종류의 서양 요리는 소스와 곁들여지는 재료에 초점을 맞추는 것이 좋다.

아시아 국수는 그 종류가 매우 다양하다. 면은 넓적하거나 가늘기도 하고, 손으로 뽑거나 칼로 깎아 만들기도 하며, 다양한 가루로 만들기도 한다. 우육면, 참깨 페이스트 국수, 소스에 찍어 먹는 냉소바 등 종류가 다양하다. 하지만 공통적인 특징은 전분의 단맛이다. 이 단맛을 차로 연장시키려면 삼림계 또는 아리산 고산 우롱과 같이 중간 정도로 홍배를 한 적당히 발효한 차를 선택하는 것이 좋다.

파스타 요리에서는 소스의 색을 기준으로 선택하면 된다. 붉은 토마토를 베이스로 한 소스의 경우, 강하게 홍배를 하고 상대적으로 발효가 많이 된 차를 선택하면 된다. 허브 향이 나는 그린 페스토 소스에는 약하게 홍배를 하고 가볍게 발효시킨 우롱차 같은 차가 어울린다. 화이트 크림 베이스 파스타의 경우 완전히 발효된 흑차나 악퇴(渥堆) 공정을 거친 보이차를 사용하면, 소스의 매끈하고 벨벳 같은 식감을 강화할 수 있다.

리소토 요리의 경우 주재료의 특징을 고려해야 한다. 예를 들어, 버섯 리소토는 버섯의 나무 향과 균형이 맞는 적당히 발효된 차가 잘 어울린다. 반면에 해산물 리소토는 가볍게 발효된 우롱차나 고산 우롱차와 더 잘 어울린다.

치즈와 햇빛에 말린 보이차

보통 치즈에는 레드 와인이 기본으로 페어링된다. 하지만 차는 치즈의 파트너로서 아직 드러나지 않은 많은 잠재력을 가지고 있다. 전문적인 티 소믈리에는 부드러운 치즈부터 단단한 치즈, 우유로 만든 치즈에서 산양유로 만든 치즈, 겁이 많은 사람들에게는 적합하지 않은 블루치즈에 이르기까지 수백 가지의 치즈를 체계적으로 살펴봐야 각각의 치즈와 완벽하게 어울리는 차를 페어링할 수 있을 것이다.

하지만 거의 모든 치즈와 완벽하게 어울리는 차가 있다면 그것은 바로 햇빛에 말린 생보이차라고 할 수 있다. 이 놀라운 차는 큰 차나무에서 수확한 잎으로 만들기 때문에 깊은 나무 향을 지니고 있다. 치즈를 한입 베어 물고 마시면 치즈의 풍미가 헤아릴 수 없을 정도로 더욱 풍부하고 매끈해진다.

생보이차는 염소 치즈와 단단한 양 치즈를 곁들여 마시면 그 진가가 발휘되는데, 이 두 치즈 모두 톡 쏘는 듯한 야생 동물의 향이 나서 좋아하시는 사람들도 있지만, 너무 강하다고 느끼는 사람들도 있다. 이 차는 이러한 치즈들의 맛있는 풍미를 강조하면서 동시에 냄새는 완화시켜준다.

브리, 카망베르, 생 마르슬랭과 같은 부드러운 치즈의 경우에도 햇빛에 말린 보이차가 페어링하기 이상적이지만, 상대적으로 부드러운 치즈의 풍미를 압도하지 않도록 가볍게 우려내야 한다.

파르메산(정식 명칭: 파르미지아노-레지아노)으로 알려진 단단한 치즈는 요리에 무수하게 응용할 수 있는데, 신선한 과일, 말린 과일 또는 오래된 발사믹 식초 몇 방울과 함께 간단하게 곁들여도 좋다. 이와 어울리는 차는 로스팅과 발효를 조금 더 거친 대만 우롱차가 이상적이다. 파르메산의 짠맛은 차에 있는 타닌으로 인해 과일의 단맛으로 바뀐다.

마지막으로 로크포르, 고르곤졸라 등 블루치즈를 살펴보자. 이러한 치즈들과 페어링이 좋은 차로는 때때로 녹차가 추천되기도 하지만, 나는 녹차가 블루치즈의 강렬한 풍미를 압도하는 경우가 많다고 생각한다. 생보이차보다는 잘 숙성된 보이차, 즉 악퇴 보이차를 추천한다. 블루치즈의 날카로운 맛을 잡아주고 전체적인 맛을 둥글게 하며 균형을 맞추어줄 것이다.

티 페어링의 예술 69

차에 있어서 과일과 잼

버블티 붐은 사람들이 향이 첨가된 차 음료를 더 이상 낯설어 하지 않게 되었다는 것을 의미한다. 자신만의 음료를 만들기로 마음먹었다면 어디서부터 시작해야 할까? 차에 잼을 섞어보는 것은 좋은 출발점이다! 거의 모든 잼이 잠재력을 가지고 있지만, 실험의 여정을 시작하기 앞서 몇 가지 아이디어를 소개하겠다.

먼저 백차와 장미꽃잎 잼을 페어링해보자. 장미의 고급스러운 향기가 차의 달콤함과 어우러지면서 은은한 복숭아 향이 나는 느낌을 불러일으킨다. 꽃, 과일, 차의 세 가지 향이 어우러진 진귀한 교향곡을 경험할 수 있다.

큰 야생 차나무에서 수확한 생보이차는 핑크 구아바 잼과 환상적인 조화를 이룬다. 적절한 비율로 블렌딩하면 뒷맛에서 느껴지는 미세한 차의 타닌이 핑크 구아바의 달콤하면서도 구수한 풍미와 어우러져, 혀에 오래 머무르는 완전히 새로운 풍미가 만들어진다.

마지막으로, 우롱차(가을에 수확한 아리산 우롱차)를 마실 때 그 자체만으로는 아쉬울 수 있다면 레몬 주키니 잼을 곁들이는 것은 어떨까? 잼의 단맛이 가을 수확차의 특징인 차의 맥아 향과 조화를 이룬다. 그 결과 유쾌하게 층을 이룬 혼합물이 완성된다. 이런 식으로 마셔보면 별다른 감흥이 없는 차와 지나치게 달콤한 잼 모두 새로운 생명을 얻게 된다.

딤섬과 차: 재스민을 넘어서

중국 음식과 차를 페어링하는 것은 평범한 식사 방식처럼 보일 수 있지만, 지금까지는 차가 이러한 페어링에서 보조적인 역할을 해왔다. 하지만 와인 페어링 메뉴에서 힌트를 얻어 파인 다이닝 식사의 각 코스에 여러 가지 차를 페어링하는 것이 어떻게 새로운 차원으로 경험을 끌어올릴 수 있는지 살펴보자.

우리는 타이베이 시내에 있는 미슐랭 3스타 레스토랑(대만 최초이자 유일한 3스타 레스토랑)으로, 최고급 중국 요리 레스토랑 르 팔레를 방문했다. 다과회의 시작을 알리는 딤섬이 나왔다. 옥색 시금치, 황금빛을 띠는 솔티드 에그 부스러기, 향긋한 햄을 우린 국물을 채운 수정같이 투명한 덤플링, 다진 중국 소시지를 넣은 달콤하면서도 짭조름한 팬에 구운 무떡, 바비큐 돼지고기를 넣은 오븐에 구운 홍콩식 번이 나왔다. 이런 진미 앞에서 어떻게 기본적인 재스민이나 보이차에 의지할 수 있겠는가? 그래서 유기농 대만 우롱차를 준비했다. 미각을 깨우는 놀라움을 경험할 수 있었다! 깔끔하고 가벼운 향과 부드러운 보디감은 딤섬의 풍미를 끌어올릴 뿐만 아니라 전분으로 만든 음식의 느끼함을 덜어주어 소화를 촉진하고 식욕을 돋운다.

두 번째 요리는 르 팔레의 시그니처 메뉴인 바비큐 돼지고기, 사천후추 달걀, 게살을 넣은 볶음 쌀국수였다. 이 세 가지 요리는 양념의 강도와 조리법 면에서 훨씬 더 과감하다. 여기에 어울리는 차는 상당히 강하게 홍배한 향과 확실한 꽃향기, 고전적인 무이의 미네랄리티를 지닌 무이육계를 선택했다. 돼지고기 요리의 단맛과 면의 불맛을 보완해줄 것으로 기대했다. 매콤한 사천후추를 넣고 구운 달걀을 한 입 베어 문 후 육계차를 한 모금 마시면 그윽한 차 향이 입안의 얼얼한 느낌을 진정시켜준다. 그런 다음 예상치 못했던 차와 후추 열매의 향이 입안에서 뒤얽히며 은은한 라임 향으로 번졌다.

이어서 탱글탱글하고 바삭한 이란현산 어린 오리 구이와 로마네스코 콜리플라워와 함께 볶은 타이거 그루퍼 슬라이스 요리가 나왔다. 그윽하고 향긋한 임창 보이차가 페어링에 이상적이다. 이 차는 두 요리와 뛰어난 조화를 이루며 흠잡을 데 없는 재료의 신선함을 강조해준다.

피날레로 전설적인 제다인, 첸 아치아오의 손에서 탄생한 숙성 우롱차가 특별한 순간을 장식했다. 첸은 1970년대 대만에서 무이 방식으로 숯불에서 능숙하게 덖어내어 손으로 말아 만든 동정차로 수상을 하며 명성을 얻었다. 장인이 만든 차는 저장과 시간을 통해 진정한 잠재력을 드러낸다. 내가 1986년 첸을 처음 만났을 때 이 차를 얻었는데, 30년이 지난 지금 이 차는 비교할 수 없는 깊이와 빈티지의 우아함을 지니고 있다.

일본 장인이 만든 금빛 찻주전자에 이 차를 우려내면 잘 익은 과일 향과 아름다운 자두 향이 복합적으로 느껴진다. 나는 절인 배추와 두부로 만든 오리

고기 수프에 이 차를 페어링했다. 차에서 느껴지는 약간 톡 쏘는 향이 수프의 새콤한 절임 향과 만나면서 단맛으로 변했다! 마치 두 가지의 단맛이 조화를 이루며 균형을 이루는 디저트와 달콤한 와인의 페어링과 같다.

그렇다면 우리의 즐거움을 한 단계 더 끌어올릴 수 있는 방법은 무엇일까? 나는 그릇에 담긴 수프를 반 정도 먹은 후 차 반 컵을 넣고 저어주었다. 차는 수프에 자연스럽게 섞이어 수프의 진한 맛과 약간의 타닌이 균형을 이루었고, 길고 복합적인 뒷맛을 남겼다.

이렇게 차의 향기, 고급스러운 재료들과 함께 차와 관련된 유쾌한 일화들을 교환하다 보니 특별한 맛의 다연이 완성되었다.

중국 8대 요리

중국 음식 문화에서 특별한 품격과 영향력을 지닌 것으로 인정받는 8대 지역 요리 전통이 있다. 광둥, 푸젠, 저장, 장쑤, 안후이, 산둥, 후난, 쓰촨 요리가 그것이다. 이 요리들은 중국 전역에서 발견되는 무수한 지역 스타일과 전통 중 일부에 해당한다. 각 지역의 기후, 지리, 역사, 천연자원의 차이로 인해 독특한 기술과 풍미, 관습이 생겨난 결과물이라 할 수 있다.

중국 요리는 상나라와 주나라 시대부터 형성된 고대 요리에서 기원했으며 정치가였던 강자아(기원전 11세기)가 주도적인 역할을 했다. 춘추전국 시대, 특히 미식가였던 환공이 제나라의 군주로 등극한 이후(기원전 7세기)에는 북방과 남방의 음식이 서로 다른 맛을 내기 시작했다. 이러한 차이는 남방에서는 단맛을, 북방에서는 짠맛을 선호하면서 당송시대에 북방과 남방이라는 두 개의 뚜렷한 식문화로 자리 잡았다.

청나라 초기에는 4대 요리가 공식화되었다. 산둥, 쓰촨, 광둥, 장쑤가 이에 해당한다. 청나라 말기에는 저장, 푸젠, 후난, 안후이 등 네 지역이 추가되어 오늘날 우리가 알고 있는 8대 요리가 최종적으로 완성되었다. 이 외에도 차오저우, 랴오닝, 본방(本幫), 장시, 후베이, 베이징, 톈진, 허베이, 허난, 하카(客家) 요리 등이 중요한 지역 요리 스타일로 꼽힌다.

오늘날 지역 요리는 더 이상 한 가지 특정 요리 스타일에 얽매이지 않는다. 레스토랑들은 다양한 지역 스타일과 전통을 통합해 매우 다양하고 서로 섞여 있는 요리를 선보이고 있다. 예를 들어, 저장성 식당에서 대만 음식을 맛보는 것은 이제 놀라운 일도 아니다!

차를 활용한 요리

차가 들어간 요리가 유행하면서 대만에 있는 5성급 호텔들도 잇달아 이 유행에 동참하고 있다. 더 랜디스 타이베이 호텔의 텐샹로우는 차를 주제로 한 세 가지 요리, 즉 동방미인 새우, 차로 훈연한 반숙란, 철관음 돼지 갈비를 선보였다.

동방미인 새우는 항저우의 유명한 음식인 용정차를 넣은 민물새우 볶음에 영감을 받아 레스토랑에서 재해석을 한 요리다. 오리지널 요리에서는 용정차(잎과 함께)를 웍에 넣고 새우와 함께 볶아 차가 지닌 봄의 향기가 사랑스러운 세련미를 더한다. 특히 메이자우 마을에서 생산되는 용정은 독특한 에메랄드빛 녹색을 띠고 있어 이 요리에 매우 중요하게 쓰인다. 이 요리는 건륭제(1735~1796년 재위)가 남부 지방을 시찰하던 중 한 식당의 요리사가 파로 착각하고 새우 요리에 황실의 용정 잎을 뿌려서 탄생했다는 설화가 전해진다. 다행히도 황제는 그 요리가 아주 맛있다고 칭찬했다. 텐샹로우에서 이제 고전이 된 이 음식은 시공간을 뛰어넘어 재해석된 것이다. 대만산 동방미인차가 용정을 대체한다. 찻잎을 기름에 볶아 새우와 함께 먹으면 놀랍도록 새로운 맛의 조화가 우리의 선입견을 뒤집는다.

차 향이 나는 맛있는 요리를 만드는 것은 단순히 음식에 차를 넣는다고 해서 되는 일이 아니다. 셰프는 재료와 차의 맛뿐만 아니라, 이 둘 간의 상호 작용까지 이해해야 한다. 예를 들어, 육류의 철분 함량은 일반적으로 차의 타닌과 양립할 수 없으며, 특히 지방이 적은 부위의 경우 건조하고 질겨질 위험이 있다. 하지만 텐샹로우 셰프들은 철관음 향을 입힐 고기로 돼지고기 중 지방이 많은 부위를 선택했다. 그 결과 향과 부드러움이 놀랍도록 균형잡혀 있다. 이러한 상호 작용은 고기와 차 모두의 장점을 최대한 끌어낸다.

그렇다면 식사를 할 때 이러한 차가 들어간 요리와 차를 어떻게 페어링하면 될까? 동방미인, 포종, 우롱, 호환 가능한 세 종류의 차가 편안하게 서로 섞이고 조합할 수 있도록 식사와 함께 준비되었다.

식사를 하는 사람이든 티 소믈리에든 식사와 차를 페어링하는 것은 단순히 차를 선택하는 것만이 아니다. 우려내는 시간(우려낸 차의 강도에 영향을 미쳐 추출되는 성분이 달라짐), 우려내는 온도(항상 100°C일 필요는 없음), 서빙 온도(예를 들어, 차가운 음식이나 섬세한 재료와 어울리도록 평소보다 차갑게 서빙)를 조절할 수 있어야 한다. 이렇게 다양한 변수가 얽혀 있기 때문에 식사를 하는 사람들은 티 소믈리에가 제공하는 체계적인 분석과 축적된 전문 지식의 혜택을 확실히 누릴 수 있다.

어떤 면에서 티 페어링은 와인 페어링보다 더 어

렵다. 와인은 많이 마시면 마실수록 냉정함과 안목이 떨어진다. 그러나 차의 경우에는 많이 마실수록 정신이 맑아진다. 따라서 차가 음식과 잘 어울리지 않는다면 식사가 진행될수록 그 불완전함은 더욱 커질 뿐이다!

핫팟과 티팟

핫팟, 즉 훠궈는 따뜻한 열기로 익혀 먹으면서 각 재료를 자유롭게 표현하는 음식이다. 식사를 하는 사람이 셰프가 되는 것이다. 따라서 훠궈 요리는 함께 모여 식사하는 분위기에 적합할 뿐만 아니라, 각 재료의 익힘 정도를 결정하는 것부터 주재료를 압도하지 않고 보완하는 디핑 소스를 만드는 것, 그리고 이에 어울리는 차를 선택하는 것에 이르기까지 세부적인 부분까지 '지휘'할 수 있는 기회다.

타이베이의 타지마야 샤부샤부 레스토랑에서는 홋카이도 옥수수, 가고시마 호박, 사이타마 대파, 다지아 토란, 리산 양배추 등 제철 채소에 고산 대우령차를 함께 페어링했다. 산뜻하고 상쾌한 우롱은 훌륭한 식재료가 지닌 단맛을 느낄 수 있도록 감각을 일깨워주었다. 한편 얇게 썬 헝가리 만갈리차 돼지고기와 대만산 카말란 돼지고기, 그리고 소갈비는 그윽한 빈티지 보이차와 함께 아름답게 페어링되었다.

마지막 코스로는 탱글탱글한 필리핀산 랍스터 살과 나나츠보시 쌀, 다양한 채소를 훠궈 국물에 넣어 만든 랍스터 조스이(죽)가 준비되었다. 정교하게 홍배된 고산차가 식사를 마무리했다. 여러 풍미가 겹겹이 쌓이다가 점차 달콤한 뒷맛으로 변하면서 배가 부른 상태에서도 조스이의 맛을 느낄 수 있도록 우리의 충족된 미각을 다시 일깨워주었다.

훠궈와 차를 페어링하는 것은 재료와 국물 베이스가 매우 다양하기 때문에 선택의 폭이 넓은 분야다. 생선, 고기, 채소 등 재료에 따라 각기 다른 맛이 난다. 재료를 이해하는 것부터 시작해 그에 맞는 맛의 차를 찾아보자. 선택한 차는 페어링의 원칙을 그 사람이 얼마나 이해하고 있는지를 보여줄 것이다. 제대로 이해하고 있는지, 아직은 섣부른 상태인지, 아니면 이해한 척하는지를!

동방미인: 상하이의 사랑

티 페어링은 지식인들에게는 미적 즐거움의 원천이다. 미식가이자 작가인 리앙은 유명한 작가 바이셴융과 함께 쑤저우 양청후에서 잡은 털게를 맛있게 먹었을 때 마시던 동방미인차를 담은 통을 소장하고 있었다. 리앙은 타이베이 최고의 상하이식 레스토랑에서 저녁 식사를 예약하고, 희귀한 차를 비롯한 다양한 차의 향연에 미식가 친구들을 초대했다.

푸드라이터 한리앙루의 남편인 주취안빈은 큰 기대를 안고 식사 자리에 도착했다. 모양과 색깔 때문에 이러한 이름이 붙은, 파로 속을 채운 구운 참깨 페이스트리인 후이저우 특선 음식 '노란 게 껍데기'와 함께 무이차가 페어링되면서 저녁 다연이 시작되었다. 숯불에 덖은 차 향과 참깨에서 오는 두 가지 로스팅 향이 조화를 이루며 절묘한 조합을 이루었다.

푸드라이터인 주젠판은 차오저우, 광저우, 대만의 각기 다른 쌀죽의 지역적 특징을 설명했다. 식탁에 올려진 머드 크랩 죽을 차와 함께 먹을 수 있을까? 실제 먹어보지 않고도 단호하게 대답을 내놓을 수 있을까? 이에 대한 내 대답은 간단명료하게 '고산 리산차가 이 머드 크랩과 잘 어울린다'였다. 고산차가 지닌 산 정상의 기운이 이 음식에 선명하고 광활한 느낌을 준다. 쌀의 건강한 풍미와 게에서 느껴지는 바다 맛을 동시에 전해준다. 그야말로 훌륭한 맛의 조합이 탄생했다!

리앙은 개인적으로 보관 중이던 숭어알을 보여주며 어떤 차와 페어링하면 좋을지 물었다. 나는 '2007년산 보이차'라고 대답했다. 숭어알의 기운과 야생 보이차가 어우러지면 말로 표현할 수 없는 체험을 할 수 있지 않겠는가?

마침내 동방미인차가 나왔다. 몇 년을 더 숙성시킨 이 차는 이전보다 더 그윽해지고 보디감이 풍부해졌지만 꿀 향도 더욱 강렬해졌다. 동방미인차에 관심이 많은 중국인 기자 우야밍은 미소를 지으며 이렇게 말했다. "저는 많은 곳의 차를 마셔봤지만, 동방미인차의 본고장인 이곳에서 최고급 차가 지닌 진정한 맛을 발견했습니다." 그날 저녁 모든 손님이 차와 음식을 즐기는 모습에 마음이 기뻤다.

티 페어링의 예술　79

오감을 위한 연회

티 페어링 여정에 또 하나의 즐거움을 더해줄, 차를 우려내는 그릇에 대해 알아보자. 타이베이의 야거(雅格) 광둥식 레스토랑에서 즐기는 호화로운 차의 향연은 다기, 차, 음식의 환상적인 상호작용을 살펴볼 수 있는 기회다.

먼저 진링 애저구이, 리치 나무로 구운 돼지 갈비, 맵게 절인 해파리, 양파를 곁들인 목이버섯, 간장 양념에 절인 족발, 말린 두부 조림, 꿀 바비큐 돼지고기로 구성된 애피타이저 플래터가 나왔다. 간장을 비롯한 각종 소스를 사용하는 것이 이 메뉴들의 공통적인 특징이다. 나는 바이오 다이내믹 농법으로 재배한 삼림계 우롱을 선택해 주니(주홍색 점토) 주전자에 우렸다. 이 점토는 차의 타닌을 부드럽게 하는 놀라운 효과가 있다. 삼림계는 과일과 꿀 향이 선명하게 느껴지는 매우 그윽하고 부드러운 맛을 냈다.

두 번째 코스는 동충하초를 넣어 중탕으로 끓인 오골계 수프였다. 이 수프는 과거 황제에게 공물로 바치는 차를 생산했던 무이산에서 생산된 무이백계관(문자 그대로 '하얀 닭 볏'이라는 뜻)과 페어링했다. 두안니(황록색 점토) 주전자에서 우려낸 이 차를 평소보다 낮은 온도(40°C 이하)에서 화이트 와인잔에 담아 마시면 새로운 맛을 느낄 수 있다. 닭고기 수프의 허브 향이 더 신선하고 깔끔하게 느껴진다. 놀랍게도 이 차는 식사 중에 나온 1986년산 로쉴드 와인과도 잘 어울린다. 백계관 특유의 이끼 향과 은은한 단맛이 강렬하면서도 우아한 보르도 와인과 조화를 이루는 것이다.

다음은 대파를 곁들인 해삼 찜과 버섯과 전복을 곁들인 거위발 요리가 나왔다. 이 두 가지 요리와 페어링하기 위해 무이산맥에 있는 원조 대홍포 나무에서 무성 번식을 시킨 차인 기단(奇丹)을 선택했다. 더화 자기(블랑 드 신이라고도 함)로 만든 찻주전자에 이 차를 우려내면 바위 같은 '골 구조'와 꽃향기가 돋보인다. 해삼을 한입 베어 문 후 차를 한 모금 마시면 순수하고 깨끗한 바다의 맛이 봄날의 파도처럼 밀려온다.

마지막 두 코스는 생선 요리와 채소 요리로, 무늬바리와 상탕에 끓인 망태버섯과 어린 배추였다. 이 두 가지 요리는 모두 고목에서 수확한 부드러운 잎눈으로 만든 봄 보이차를 페어링했다. 무늬바리가 가진 바다의 신선함이 이 봄의 숨결로 한층 더 고양되었다. 이 차를 용과 불사조가 그려진 은주전자에 우렸다가 나중에 순금 찻주전자로 잔을 채우면, 맛있는 채소 국물과 함께 유유히 흘러내리는 비단처럼 매끈한 차가 만들어진다. 진정 오감을 위한 연회의 웅장한 마무리였다!

다연의 본보기

모든 것을 종합해 저녁 식사와 함께 즐길 수 있는 티 페어링 메뉴 샘플을 다음과 같이 소개하고자 한다. 차는 함께하는 요리와 호환이 잘 되도록 선택했으며, 특정한 조합은 탁월하게 느껴질 것이다. 식사를 하는 동안 사람들은 차의 세계에서 서로 소통하며 천상의 궁합을 발견할 기회를 얻을 것이다!

먼저 음식부터 살펴보자. 식사가 본격적으로 시작되기 전에 숭어의 세 가지 맛있는 부위, 즉 알과 이리, 숭어밤으로 구성된 아뮤즈 부쉬가 나온다. 그다음 성게 소스에 담긴 랍스터와 해바라기씨를 곁들인 소라 등 차가운 애피타이저가 나온다. 그다음으로는 가지, 붉은갓주름버섯, 연근 구이와 바지락 볶음, 두 가지 뜨거운 애피타이저가 이어진다. 수프는 전복이 들어간 최고급 닭고기 콩소메다. 상큼한 패션프루트로 입맛을 개운하게 정리하고 나면 메인 요리가 등장한다. 돼지 목살은 보이차 향을 입힌 사과 소스에 담긴 풀버섯이 곁들여지며, 찐 생선에는 바삭한 에그 플로스가 얹어진다. 마지막으로 제철을 맞은 신선한 딸기로 만든 디저트가 나온다.

이제 차를 살펴보자. 안계철관음 어미나무에서 수확한 찻잎은 복숭아를 닮은 비대칭적인 잎에 가운데가 붉은색을 띠고 있다. 이 찻잎은 홍배 세 번과 휴지기 세 번을 번갈아 가며 덖기 때문에 시간이 지날수록 독특한 풍미가 더해진다. 청나라 후기 주니 찻주전자에서 우려낸 이 차는 보디감이 풍부하고 철관음 특유의 기운, 즉 관운을 뿜낸다. 가벼운 시트

러스 향이 긴 식사 시간 동안 미각을 깨어 있게 해준다.

200년 된 차나무에서 수확한 임창 생보이차는 12년 동안 저장되면서 놀라운 그윽함을 얻었다. 첫 모금은 매끈하고 달콤한데 아주 약간의 떫은맛이 느껴지며 예상치 못한 침이 혀 밑에서 솟아오른다. 물로 닦은 찻주전자는 빈티지 보이차의 개성이 충분히 표현될 수 있게 해주며, 심지어 젊은 시절의 싱그러움을 상기시켜준다.

청신 우롱 품종으로 만든 가볍게 발효시킨 삼림계 양갱(羊坑) 우롱은 산과 숲을 연상시킨다. 1980년대에 제작된 둥근 몸체의 주니 주전자는 특히 둥글게 만 찻잎을 우려내는 데 적합하다. 양갱 우롱의 풍미는 풍성한 꽃향기와 함께 그 진가를 한껏 발휘한다.

유기농 아리산 우롱으로 네 가지 차가 마무리된다. 차를 가공하는 과정에서 중간 정도로 홍배를 하면 자연스러운 단맛을 끌어낼 수 있다. 이는 찻잎이 소록엽선에 물려 단맛을 내는 화학 물질을 방출하는 데서 비롯된 것이다. 이 차는 일본 아리타의 전설적인 코란샤 도자기 찻주전자로 우린다. 도자기는 토기에 비해 기공이 훨씬 적기 때문에 차의 단맛을 훌륭하게 담아내고 오래 지속시킨다. 벌이 꿀을 찾는 것처럼 손님들은 맛있는 요리와 절묘한 조화를 이루는 차에 자꾸만 이끌리게 된다.

진정한 티타임

"일상의 필수품이 되는 것 외에도 차는 인생이라는 여정을 흥미롭게 만드는 작은 놀이며 즐거움이다." 저우쭤런은 자신의 에세이 『북경의 다식(北京的茶食)』에서 이렇게 썼다. "우리는 석양을 감상하고, 가을이 내린 강가에 앉아 꽃을 구경하며, 빗소리에 귀를 기울이고, 향을 맡기도 하고, 갈증을 달래기 위해서가 아니어도 술을 마시고, 배를 채워주지는 않는 간식을 먹기도 한다. 이러한 행위들은 처음에는 무의미하거나 쓸데없는 것처럼 보일 수 있지만, 삶이 풍요로워지기 위해서는 반드시 필요하다. 세련될수록 더 좋다."

간식을 먹으며 차를 마시는 것은 어쩌면 이러한 유희적인 여가의 상태를 가장 잘 표현하는 것일지도 모른다. 중국식 다실에 친구들과 모였든, 영국식 티룸에서 3단 케이크 스탠드에 다양한 디저트와 먹거리를 곁들인 차를 마셨든, 이런 순간은 마음을 느긋하게 만들어주고 감각을 즐겁게 한다.

중국 다실에서는 종종 다식으로 멜론 씨앗, 말린 오징어, 절인 과일 등이 나온다. 이러한 다식들은 대부분 페어링을 제대로 하지 않으면 차의 맛을 방해할 수 있으며, 실제로 대부분의 경우 맛의 양립을 고려하지 않는 경우가 많다. 더 나쁜 것은 이러한 다식 중 일부에는 인공 첨가물과 향료가 포함되어 있어, 전체를 망칠 수 있다는 점이다.

여기에 티 소믈리에의 의견이 반영될 여지가 너무나도 많다! 어떻게 하면 가장 조화롭게 티타임 페어링을 구성할 수 있을까? 내 경험에서 나온 몇 가지 아이디어를 소개하고자 한다.

말린 과일: 말린 살구와 무화과는 용정과 잘 어울린다. 차의 파릇파릇한 향이 과일 향을 강조하는 동시에 농축된 단맛을 완화해준다. 이 조합은 상호 보완적인 풍미를 음미하며 여유로운 가을날의 정취를 만끽할 수 있게 해준다.

견과류: 다양한 견과류의 풍부한 향과 식감이 악퇴 보이차 특유의 용안 향과 어우러져 미각을 상쾌하게 해준다. 모든 견과류가 똑같은 효과를 내는 것은 아니다. 아몬드가 가장 뛰어난 효과를 발휘한다. 씹을 때 느껴지는 은은한 아몬드 향이 보이차의 향과 어우러져 크림 같기도 하고 나무 같은 구수하면서도 과일 향이 가득한 향으로 피어난다. 나는 이 차가 아몬드의 풍미를 구성 성분으로 분할하는 프리즘과 같은 역할을 한다고 생각한다. 캐슈너트, 마카다미아, 브라질너트 같은 다른 견과류도 잘 어울리지만, 같은 정도의 효과를 내지는 못한다. 이는 전체 카테고리에 규칙을 적용하기보다는 특정 식품 조합에 세심한 주의를 기울여야 한다는 좋은 교훈을 준다.

화이트 초콜릿: 난초 향 우롱은 화이트 초콜릿

과 아주 잘 어울린다. 이 차는 중저고도 정원에서 재배한 대만산 우롱으로 만든 후 전통적인 방식으로 카틀레야 난초 향을 입힌 것이다. 티백에 담긴 향이 나는 흑차와는 사뭇 다르다. 화이트 초콜릿의 우윳빛과 매끄러운 질감이 난초 향을 더욱 부각시켜준다.

녹두 페이스트리: 이 고급스러운 중국 전통 과자는 잘 만들면 은은한 단맛과 부드러운 식감이 일품이다. 차와 함께 먹으면 과거 문인들의 고

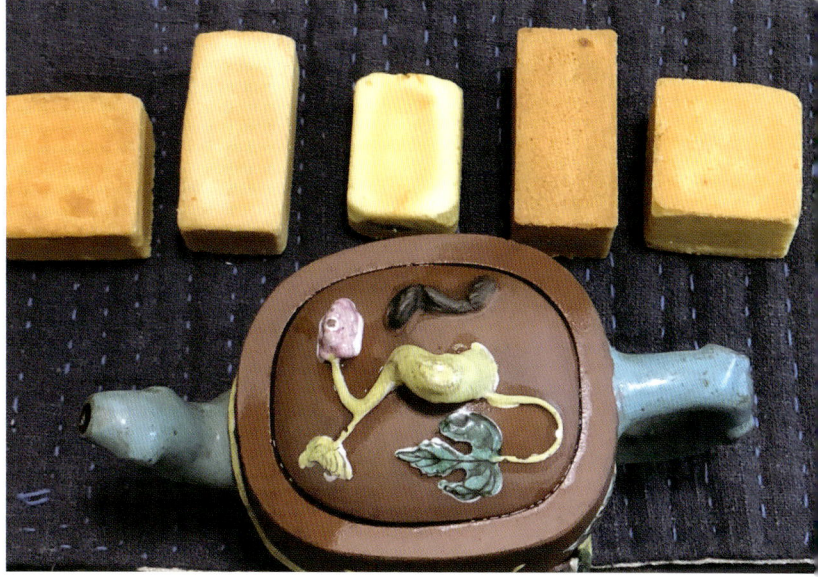

상한 차 문화가 떠오른다. 나는 여기에 숙성된 문산 포종을 선택한다. 가볍게 발효하고 숯불로 덖은 이 차는 수년 동안 저장하는 과정에서 깊은 그윽함이 더해졌다. 녹두 페이스트리와 함께 마시면 차의 긴 여운에 녹두 향이 더해져 균형 잡힌 맛을 즐길 수 있다.

파인애플 타르트: 페이스트리는 밀가루, 달걀, 설탕, 분유, 버터를 사용해 만든다. 홍차의 타닌 성분은 우유와 결합하면 부드러운 맛을 내기 때문에 많은 문화권에서 홍차에 우유를 첨가하는 것이 일반적이다. 이론적으로 이는 좋은 조합이다. 하지만 나는 파인애플 타르트의 강한 자기 주장이 홍차를 압도하는 것을 느꼈다. 오히려 유기농 홍수 우롱을 진하게 우려내니 훌륭하게 조화를 이루었다. 반발효된 단맛과 오랜 시간 우려낸 씁싸름한 타닌의 조합이 파인애플 타르트와 잘 어울렸을 뿐만 아니라 크림 같은 맛과 톡 쏘는 맛의 새로운 융합을 만들어냈다.

와인과 차: 적인가, 동지인가?

와인과 차는 서로 극과 극인 음료로 여겨지기도 한다. 와인을 즐기는 사람은 차를 즐기지 않는다는 말이 사실일까? 사실 이 둘 사이에는 밝혀지기를 기다리는 복잡한 대칭관계가 존재한다.

500년 된 차나무에서 수확한 운남 보이차, 1986년산 동정 우롱, 1940년산 무이 철라한, 1920년산 호급(號級) 보이차(여기서 '호'는 청나라 후기에 몇 안 되는 최고의 보이차를 만드는 개인 상호 중 하나를 의미), 이 네 가지 샘플이 이번 차 컬렉션을 구성할 것이다. 한편 와인은 1955년산 J. 토린, 1949년산 뿔레 페레 에 피스, 1957년산 샤토 오-브리옹을 비롯해 다른 여러 와인과 함께 총 9병이 준비되었다.

이렇게 대화가 시작되었다. 숙성된 차와 빈티지 와인은 모두 잘 익은 베리, 말린 과일, 연기, 산사나무를 연상시키는 깊은 향을 발산한다. 특히 무이암차와 보이차는 깊은 뒷맛이 와인의 숙성된 힘과 기교와 함께 낭랑한 울림을 준다. 숙성을 통해 차와 와인의 타닌이 부드러워지긴 했지만 지워지지는 않았기 때문에 각각이 가진 단맛으로 대화를 할 수 있다.

우리의 셀렉션을 따라가다 보니 와인은 훨씬 더 많은 것을 드러냈고, 각각의 숙성된 차와 와인의 빈티지한 얼굴 뒤에 놀랍게도 젊은 정신이 숨어 있다는 것을 발견했다.

또한 지역과 테루아의 관점에서 페어링을 살펴볼 수도 있다. 보르도의 다섯 가지 1등급 와인(프리미어 그랑 크뤼)을 생각해보자. 샤토 무통 로쉴드는 포이약에서 나는 삼나무, 향신료, 가죽 향이 나는데, 무이육계차의 계피와 용안 향과 잘 어울린다. 샤토 라투르의 남성적인 우아함은 무이산에서 생산되는 또 다른 차인 철라한의 미네랄과 이끼 향으로 보완되며, 샤토 라피트 로쉴드는 비단처럼 섬세해 한없이 우아한 무이차인 석유(石乳)와 페어링할 수 있다. 샤토 마고의 탄탄한 밀도는 대만 목책철관음의 숯불로 구운 향과 울림을 만든다. 풍부한 질감과 카시스 향이 가득한 샤토 오-브리옹은 동정 우롱과 완벽한 조화를 이룬다.

이러한 전설적인 와인들 외에도 수많은 포도 품종, 지역, 스타일, 빈티지들이 발견되기를 즐겁게 기다리는 세계가 있다. 와인과 차는 음식과 함께 마시는 경우가 많기 때문에 나의 제안은 여전히 음식을 주된 요소로 놓고 삼위일체가 조화롭게 어우러질 수 있도록 페어링하는 것이다.

3
차란 무엇인가?

차나무

차란 무엇인가? 식물학적 분류에 따르면 차나무는 상록 관엽수인 카멜리아 시넨시스로, 이는 꽃식물 계통인 차나무과에 속한다. 최근 연구에 따르면 차의 발상지로 중국 윈난성을 지목하고 있는데, 이곳에서는 3,000여 년 전에 차가 처음 재배되어 음료로 소비되었다.

차나무는 따뜻하고 습한 기후를 선호하며 안개가 끼고 습한 환경에서도 잘 견딘다. 연간 강수량이 최소 1,500mm 이상이고 기온이 18~30°C, 토양의 pH 수치가 4.5~6.5인 환경이 차나무 재배에 가장 적합한 조건이다. 기온이 10°C 이하로 떨어지면 서리 피해가 발생하기 쉽다.

차나무는 교목, 반교목, 관목으로 분류된다. 교목은 야생 나무를 말하며, 반교목은 윈난성에서 볼 수 있는 주로 대엽종 차나무고, 관목은 키가 작게 자라도록 재배하는 식물이다. 어떤 수목들은 수령이 수백 년에 이르는 것들도 있는데 세계에서 가장 오래된 차나무는 약 3,000년 된 것으로 추정되는 윈난성에 있는 야생 차나무다. 환금 작물로 재배되는 차나무의 수명은 약 40~50년이다.

차나무 재배가 세계 여러 지역으로 확산되면서, 같은 종이라도 그 지역의 기후와 토양에 따라 다양한 형태로 새롭게 표현된다. 또한 개선된 육종, 선별 기술로 인해 새로운 품종들도 많이 개발되었다. 예를 들어, 포모사 섬에서 가장 초기에 재배된 차나무 품종은 중국에서 이식된 무이와 안계철관음인데, 오늘날 대만의 4대 품종은 청심대유, 청신 우롱, 대엽 우롱, 경지홍심이다. 마지막 품종은 인기가 많은 금훤 품종을 만드는 데 사용되기도 했다.

차 품종은 카베르네 소비뇽, 산지오베제, 샤르도네, 리슬링과 같이 와인 제조에 있어 포도 품종과 같다. 같은 품종이라도 다른 지역에서 재배된 포도는 그 지방만의 '악센트'가 있는데, 부르고뉴와 소노마 카운티에서 재배되는 피노 누아 포도가 각기 어떻게 표현되는지 생각해보라. 그러니 민감한 시음자라면 품종의 유사성을 감지할 수 있다.

천지인, 그리고 제다

천-하늘: 기후의 영향

품종이 다양하다는 점을 제외하면 무엇이 수백 가지에 달하는 차의 특성과 품질의 차이를 만드는 것일까? 천, 지, 인이라는 세 단어로 이 질문에 대한 답을 압축할 수 있다.

먼저 첫 번째 요소인 하늘, 즉 기후의 영향부터 살펴보자.

차를 따는 계절은 차의 맛에 영향을 미친다. 봄과 겨울에 수확한 차가 품질이 뛰어나다고 하는 반면, 여름과 가을에 수확한 차는 2순위로 여겨진다.

봄 차는 2월에서 5월 사이에 수확한다. 앞선 겨울 동안 찻잎은 토양이 흡수한 영양분을 빨아들이면서 차나무가 스스로 활력을 되찾는다. 봄 차의 맛을 즐기는 것은 비발디 〈사계〉의 서곡이 시작될 때 무한히 신선하고 부드러운 음으로 열리는 기쁨의 폭발과 비슷하다.

여름 차는 5월 초부터 8월 초까지 수확한다. 이 기간에는 기온이 높고 낮은 더 길다. 그 결과 찻잎이 빠르게 성장한다. 여름 차의 특성은 맑고 활기차며 호방하다. 일반적으로 봄 차가 여름 차보다 우수하다고 여겨지지만 예외도 있다. 예를 들어, 최고 품질의 동방미인차는 6월에 수확하는데, 따뜻하고 습한 날씨로 인해 소록엽선(매미충)이 잎을 뜯어 먹으면서 발효가 시작되어, 우려낸 찻물에서 독특한 꿀 향을 느낄 수 있기 때문이다.

가을 차는 낮과 밤의 기온 차가 커지는 8월 초부터 11월 초까지 수확한다. 찻잎의 향이 짙어지고 우려낸 찻물에 흔히 '가을 향기'라고 불리는 밀과 맥아 향이 담긴다. (요즘에는 겨울 차의 가격이 더 비싸기 때문에 가을에 수확한 차를 '초겨울 차'로 판매하기도 한다.)

겨울 차는 11월 초부터 12월 말까지 수확하는데, 이 시기는 동지와 맞물려 있다. 기온이 낮아져 찻잎이 영양분을 저장하면서 훨씬 더 두껍게 자란다. 우려낸 찻물은 진한 꿀 향과 밀도가 짙다. 슈베르트의 연가곡 〈겨울 나그네〉에서는 '고독의 동반자는 내 그림자'라는 가사가 나온다. 자신의 그림자만이 동행하는 겨울은 끝이 보이지 않을 정도로 길게 이어진다. 하지만 따뜻하고 진하며 영양이 풍부한 겨울에 수확한 차 한 모금은 겨울의 모든 우울함을 단숨에 날려버린다.

차를 생산하는 지역은 광활한 영토에 걸쳐 있어 재배 시기는 비슷하지만 정확한 수확 시기는 다를 수 있다. 차 재배 농가들은 고도나 기상 조건과 같은 지역적 조건에 따라 수확 시기를 결정한다. 예를 들

차란 무엇인가? 95

어, 해발 2,000m에 위치한 난터우에서는 겨울에는 일찍, 봄에는 늦게 차를 수확하기 때문에 해수면에 있는 농장과 비교하면 수확 시기가 한 달 정도 차이가 나기도 한다. 다른 예를 들자면, 5월 중순에도 고산 지대에서는 봄 차를 수확하고 있는 반면, 해발 고도가 낮은 곳에서는 이미 여름 찻잎을 수확할 준비를 한다.

중국의 봄 녹차는 보통 4월 5일경에 해당하는 청명절(무덤 벌초의 날) 전에 수확하는 것이 가장 좋지만, 대만의 봄 차는 청명절 이후에도 계속 수확할 수 있다. 단 며칠 차이만으로도 품질이 크게 달라지며, 이는 가격에 고스란히 반영된다. 애호가들 사이에서는 봄 87일차에 수확한 차와 88일차에 수확한 차 사이의 장점에 대한 논쟁이 벌어지기도 한다! 차를 재배하는 농부들은 종종 '성공적인 차 생산은 하늘의 자비에 달려 있다'고 말한다.

차 달력

용정차는 세계적으로 유명하며, 안목 있는 차 애호가들은 '청명절 전(明前)' 또는 '비가 오기 전(雨前)'에 수확한 용정을 찾는 것으로 알려져 있다. 이러한 용어를 더 잘 이해하려면 중국 달력을 이해해야 한다.

중국 음력에서 열닷새는 하나의 절기를 나타낸다. 입춘('봄의 시작')부터 대한('혹독한 추위')까지 1년 동안 총 24개의 절기를 거친다. 농업 생산은 항상 절기를 고려해왔으며 차 재배도 예외는 아니다.

봄은 그레고리력 2월 5일경에 시작되는 입춘을 시작으로 우수, 경칩, 춘분, 청명, 마지막으로 곡우로 구성된다. 5월 5일경에는 입하('여름이 시작된다'는 뜻)가 시작되면서 봄이 끝난다.

따라서 청명 이전에 따는 차를 명전차라고 하고, 청명 이후부터 곡우 이전(즉, 4월 5일경부터 4월 20일경까지)에 따는 차를 우전차라고 부른다. 오늘날 명전차와 우전 용정차는 모두 높은 평가를 받고 있으며, 전자를 가장 훌륭한 것으로 친다.

흥미롭게도 명나라(1368~1644) 때 허차서는 자신의 『다소(茶疏)』(차에 대한 해설서)에서 다른 견해를 밝혔다. "청명절은 차를 수확하기에는 너무 이르며 입하는 너무 늦다. 곡우 전후가 적절한 시기다." 어쩌면 지구의 기후 변화로 인해 24절기에도 변화가 생겼을까? 아무튼 이러한 계절별 명칭은 유용한 참고 자료가 될 수 있지만, 차의 품질을 평가할 때 실제 차를 시음하는 것을 대신할 수는 없다는 점을 상기시켜주는 대목이다.

지-땅: 테루아의 영향

기후와 다양한 품종 외에도 차의 풍미에 영향을 미치는 또 다른 중요한 요소는 차가 생산되는 땅이다. 지리적 조건, 토양, 기타 환경적 요인의 차이로 인해 우리는 전 세계에서 놀랍도록 다양한 지역적 특색을 지닌 차를 즐길 수 있다.

지리는 차의 특성·품질과 직접적인 연관이 있다. 지대가 높을수록 차나무는 더 많은 햇빛을 받고 낮과 밤의 기온 차가 더 커진다. 이러한 조건은 차에 반영되어 향이 섬세하고 달콤한 뒷맛이 매우 두드러지게 느껴진다. 반대로 일교차가 적은 저지대에서 재배한 차는 상대적으로 떫은맛이 강하고 향이 연하며 뒷맛이 짧다.

같은 품종이라도 고도가 다른 곳에서 재배된 차는 맛의 특징이 다르다. 아리산 1,600m에서 재배하는 청신 우롱은 우려낸 차에서 꽃향기를 느낄 수 있다. 하지만 해발 500m에서 자란 우롱 잎은 꽃향기가 덜하고 풀 향이 난다.

차나무가 재배되는 토양은 완성된 차의 맛에 가장 직접적인 영향을 미치는데, 이것이 바로 차나무가 지닌 산 정상의 기운 또는 테루아다. 차나무는 토양에서 영양분을 흡수하기 때문에 같은 품종을 다른 토양에 심으면 다른 향과 맛이 난다. 토질이 주로 황토인 푸젠성 안시에서 철관음 품종을 심으면, 차를 우릴 때 고전적인 철관음의 뒷맛, 즉 관운이 우러난다. 반면에 토질이 주로 황토인 대만 무자에 심으면 과일 향이 우러난다.

위에서 언급한 차이점은 다양한 차 생산 지역을

구분하는 일반적인 기준이다. 고급 차를 더 세밀하게 구분하고자 하면, 하나의 차밭과 다른 차밭 사이의 단 몇m의 거리도 최종 제품의 맛에 상당한 영향을 미칠 수 있다. 이러한 차의 본질적인 특성을 탐구하는 것은 평생 지속할 수 있는 즐거움이다.

차의 산 정상 기운

대부분의 차를 마시는 사람들은 보이차와 다즐링, 또는 철관음과 용정의 차이를 구분할 수 있을 것이다. 하지만 대만의 고산 우롱인 삼림계와 대우령의 차이를 구분할 수 있는 사람은 얼마나 될까? 차의 생산지, 그 차이를 어떻게 감별할 수 있을까? 차의 산 정상 기운, 즉 테루아가 가장 큰 단서를 준다.

간단히 말해, 산 정상의 기운은 차에 독특한 풍미를 부여하는 각기 다른 토양 구성에서 비롯된다. 경치가 빼어난 대만의 아리산 고속도로를 따라 펼쳐진 차 농장을 예로 들어 설명해보겠다. 아리산 고속도로는 구간마다 토양 구성이 다르다. 그중 스쟈오과 장수후에서 재배된 차가 가장 뚜렷한 대조를 이루는데, 각각은 남성적인 특성과 여성적인 특성을 드러낸다. 삼림계에서 생산되는 양갱차는 가장 섬세하며 기억에 남을 꽃 부케 향을 풍긴다. 대우령에 도착하면 도로에 표시된 km로 차 농장을 구분할 수 있는데, 95k 농장의 차는 밝고 청량하며 뒷맛에 여운이 남는 반면, 93k 농장의 차는 뒷맛이 상대적으로 짧다.

인-사람: 차의 마스터

차를 만드는 것은 과학이며, 더 나아가 예술이다. '찻잎을 먼저 살펴본 다음 어떻게 차로 가공할지 결정하라'라는 말이 있다. 차를 가공하는 목적은 원재료의 일부 특성을 변화시켜 특정한 니즈와 기호에 맞게 조정하고 장기 보관을 용이하게 하는 것이다. 따라서 이러한 과정의 배후에 있는 사람들이 정말 중요하다.

차 생산자는 햇빛의 강도, 강우량, 구름의 농도, 기온의 변동, 바람의 방향 등 날씨를 항상 주시해야 한다. 그런 다음 차 공장의 규모, 운영 역량, 환기의 정도 등과 같은 다른 고려 사항도 고려해야 한다. 제다인은 오랜 경험을 쌓아야 이 모든 요소에 숙달해서 고품질의 차를 생산할 수 있다.

제다인과 셰프는 비슷하다고 할 수 있다. 시금치가 훌륭한 요리사의 손에서는 아삭하고 달콤한 맛이 나지만, 경험이 없는 요리사의 손에 맡겨지면 노랗게 변하고 쓴맛이 난다. 수분 함량을 줄이고 발효를 촉진하기 위해 햇볕에 말려야 하는 갓 딴 찻잎에도 같은 개념이 적용된다. 숙련된 제다인이라면 찻잎을 얼마나 오래 말려야 최상의 결과와 향을 얻을 수 있는지를 판단할 수 있을 것이다. 주변 온도와 습도의 변화를 계속 관찰하고 그에 따라 기간을 조정할 줄 알 것이다. 반면에 경험이 부족한 제다인이라면 찻잎을 햇빛에 과도하게 노출시켜 찻잎이 회복 불가능할 정도로 타버릴 수도 있다. 반대로 햇빛에 충분히 노출하지 못하면 우려낸 차의 맛이 약하고 풋내가 날 수 있다.

차를 만드는 과정은 과학적 근거가 있지만 정량화하기는 여전히 어렵다. 차를 만드는 사람의 풍부한 경험을 바탕으로 현장에서 유연하게 조정하고 대처하는 것 뿐이다. 이 '마법의 손길'이 바로 차의 매력이다. 제다인들이 와인 메이커만큼이나 존경을 받아야 하는 이유이기도 하다!

차란 무엇인가? 101

6대 다류

발효 과정은 아마도 차를 만드는 데 있어 가장 본질을 규정하는 단계일 것이다. 수백 가지의 차 종류를 분류하는 가장 좋은 방법은 찻잎이 생산 과정에서 거치는 발효의 정도에 따라 분류하는 방법이다. 즉, 발효되지 않은 차(녹차), 가볍게 발효된 차(백차, 황차), 반발효된 차(우롱차), 완전 발효된 차(홍차), 이렇게 네 가지 주요 카테고리가 있다. 백차와 황차는 보통 각각 별도의 종류로 분류해 총 다섯 가지 차 종류를 살펴본다.

발효 과정에서 찻잎에 의도적으로 상처를 입혀 공기와 반응하고 산화되는 물질을 방출시켜 특정한 색과 아로마, 맛을 만들어낸다. 정확하게 말하면 이것은 발효가 아닌 산화 과정이다(후자는 미생물 활동과 관련된 혐기성 과정이다). 그러나 발효를 뜻하는 중국어 단어인 파지아오(발효)가 차 제조 시 산화 과정을 지칭하는 데도 사용되기 때문에 그렇게 부르는 것이 일반화되었다.

미생물 발효가 실제로 일어나는 유일한 차 종류는 보이차다. 이 단계는 산화 과정 이후에 발생한다. 이러한 이유로 보이차는 후발효 차 또는 헤이차(흑차)로 알려진 여섯 번째 유형으로 본다.

다음에서는 이 여섯 가지 유형에 대해 차례로 살펴보도록 하겠다. 찻잎이 우리 손에 닿기까지의 다양한 여정을 이해해야만 찻잎이 지닌 최고의 품질을 끌어낼 수 있다.

녹차 (비발효)

용정, 벽라춘, 센차, 말차 등 발효하지 않은 녹차는 갓 딴 잎의 아름답고 파릇파릇한 녹색이 우려낸 찻물에 그대로 담겨 있다. 미각적으로는 이러한 차를 마시면 마치 나뭇가지에 그대로 남아 있는 듯한 잎의 젊은 생명력과 하늘과 땅의 자양분이 만들어낸 향기를 느낄 수 있다.

녹차는 중국에서 국내외로 판매되는 차 상품들 중 가장 물량이 많다. 중국 차 마케팅 연합에 따르면 2018년 중국 차 산업의 판매량은 191만 톤에 달하며, 이중 녹차가 전체 판매량의 63.1%를 차지한다.

녹차를 제다할 때 신선한 찻잎은 살청, 유념, 건조, 이 세 가지 과정을 거친다.

1. 살청

첫 번째 단계인 살청(殺靑)은 중국어로 샤칭(문자 그대로 '생잎을 죽인다'는 뜻)으로 알려져 있다. 신선한 잎을 가열해 효소의 활동을 멈추게 하고 산화를 방지하는 동시에 잎이 지닌 원래의 색을 보존한다. 생잎의 청취가 사라지고 차 특유의 향으로 바뀐다. 녹차를 덖는 방법은 크게 증기 살청과 가열 살청, 두 가지가 있다.

증기 살청은 효소의 활동을 빠르게 억제한다. 찻잎을 지나치게 오래 찌면 색이 노랗게 변하고 향도 약해지므로, 찌는 시간은 제다인이 섬세하게 판단해야 한다(일반적으로 1~2분 정도). 이러한 증기 살청은 일본 녹차를 생산할 때 주로 사용하는 방법으로, 색의 선명함과 신선도를 잘 유지하므로 말차를 만드는 방법으로 가장 이상적이다.

가열 살청은 신선한 찻잎을 솥에 넣고 덖는 방식이다. 솥의 온도와 덖는 시간과 같은 매개변수는 가공되는 특정 차에 따라, 그리고 찻잎의 신선도, 수분 함량 등을 제다인이 판단하고, 이에 따라 달라진다.

2. 유념

유념(揉捻) 단계에서는 수작업 또는 기계로 찻잎을 띠 모양이나 다른 모양으로 단단히 말아준다. 이렇게 하면 찻잎의 모양이 더 돋보일 뿐만 아니라, 잎세포의 수액을 찻잎 표면으로 밀어내 차를 우릴 때 더 농축된 맛이 우러난다. 하지만 지나치면 안 된다. 녹차는 일반적으로 여러 번 우려서 마시는데, 잎세포가 너무 많이 손상되면 우린 차가 금세 쓴맛으로 변할 수 있다. 따라서 유념의 압력과 시간을 조절하는 데 많은 주의가 필요하다.

유념이 완료되면 잎이 서로 뭉쳐지는 경향이 있다. 뭉친 덩어리를 풀고 잎을 펼쳐서 열이 발산되도록 해야 잎이 노랗게 변하는 것을 방지할 수 있다.

3. 건조

유념을 하고 찻잎을 풀어주는 과정이 끝난 찻잎을 모차라고 한다. 이때 찻잎은 60% 정도 수분을 함유하고 있어 보관이나 운송에 적합하지 않다. 건조가 필요한 것이다. 건조에는 솥에서 하는 건조, 열풍 건조, 햇빛 건조, 이 세 가지 주요 방법을 사용한다.

솥으로 건조하는 초청(炒靑)은 솥에서 찻잎을 가열하는 것이다. 하지만 그 전에 뜨거운 공기로 찻잎을 미리 말리는데, 이렇게 하지 않으면 앞서 유념하는 과정에서 나온 잎의 수액이 솥에 달라붙어 탄 맛이 날 수 있기 때문이다. 수작업으로 하는 초청에서는 찻잎이 더 이상 끈적거리지 않을 때까지 양손으로 찻잎을 뒤집으며 수분을 분산시킨다.

열풍 건조인 홍청(烘靑)은 건조용 바구니에 찻잎을 담고, 위로 뜨거운 공기를 통과시키는 방법이다. 홍청을 한 차는 초청을 한 차에 비해 향이 덜 뚜렷하고 품질이 우수한 차도 거의 없다. 이러한 방식으로 건조한 녹차는 대부분 꽃 향이 나는 차의 베이스 역할을 하도록 가공한다. 잎의 성숙도와 가공 방법에 따라 일반 홍청과 고급 홍청으로 구분할 수 있다.

햇볕 건조, 즉 쇄청(晒靑)은 찻잎을 햇볕에 말리기만 하면 된다. 햇볕에 말린 녹차의 용도 중 하나는 생보이차를 만드는 것이다(보이차 부분에서 더 자세히 설명하겠다).

백차와 황차 (약간 발효)

백차

백호은침('실버 니들'이라고도 함)과 같은 백차를 우리면 마치 물속에서 찻잎이 춤을 추는 것과 같아 중국 전통 산수화를 감상하는 것 같다. 깊은 계곡에서 뿜어져 나오는 듯한 오묘한 꽃향기와 함께 가볍고 우아한 맛이 느껴진다.

백차는 부드러운 새싹을 따서 위조(萎凋)와 건조를 한 후 가볍게 발효를 시킨다. 말린 차는 부드러운 하얀 솜털로 덮여 있는데, 이것이 바로 백차라는 이름이 붙은 이유다. 백차를 만드는 과정은 간단해 보이지만, 차에 있는 폴리페놀 성분의 산화를 제어해 잎이 흰색을 유지하고 우려낸 찻물이 연한 노란색을 띠도록 하려면 고도로 숙련되어야 한다.

위조는 백차 가공의 첫 번째 단계다. 갓 딴 찻잎을 통풍이 잘되는 공간에서 체에 고르게 펴고 젓거나 하는 등 어떤 식으로든 개입하지 않아야 한다. 이 단계에서는 찻잎의 과도한 수분이 증발하고 아주 약한 발효가 일어난다. 잎이 80% 건조되면 병사(並篩, '체를 합친다'는 뜻)라는 과정을 거치는데, 이 과정에서 잎을 겹겹이 쌓아 풍미가 충분히 숙성되도록 유도한다.

이 과정의 마지막에는 햇볕이나 가열된 건조 바구니에서 잎을 말린다.

황차

황차는 아마도 가장 덜 알려진 다류일 것이다. 약하게 발효하는 이 차는 희소성이 있어 인기가 높은데,

대표적인 예로 곽산황아, 위산모첨, 군산은침(서태후가 즐겨 마셨다고 전해진다)이 있다.

최상급 황차 싹은 솜털로 덮여 있다. 우렸을 때 띠는 녹황색은 녹차와 비슷하지만 노란색에 더 가깝다. 그 맛은 선명하고 둥글며 달콤하다. 수돗물이 염소 처리된 경우 염소가 차의 섬세함을 망칠 수 있으므로 황차를 우려낼 때에는 주의해야 한다. 대신 광천수나 샘물을 사용하면 황차의 매력을 충분히 느낄 수 있다.

황차의 제조 방법은 녹차의 제조 방법과 비슷하지만 유념 단계를 습열, 즉 민황(悶黃)으로 대체한다. 황차 고유의 이 과정은 고온 다습한 환경에서 차의 폴리페놀, 엽록소, 기타 물질의 산화를 촉진한다.

녹차와 마찬가지로 첫 번째 단계는 살청이다. 이 단계는 효소 활동을 중단하고 수분의 일부를 증발시키면서 풀 향을 방출해 차의 향을 만드는 데 중요한 역할을 한다.

민황의 전통적인 방법은 대나무 바구니에 싹을 쌓아 자연스럽게 노란색으로 변하게 하는 것이다. 이렇게 하면 차의 특징적인 노란 색조뿐만 아니라 차의 향에도 변화가 생긴다. 건조 기간은 차에 따라 다르며, 군산은침은 2~3일 동안 습열 과정을 거치는 반면 몽정황아는 하루나 이틀 정도면 충분하다.

건조 방법에는 열풍으로 건조시키는 홍건(烘乾)과 달구어진 솥에서 덖는 초건(炒乾) 두 가지가 있으며, 황차는 다른 차에 비해 낮은 온도에서 건조한다.

우롱차 (반발효)

매우 광범위한 반발효 차의 범주에 가장 잘 부합하는 용어는 청차다. 청차에는 푸젠성의 무이차와 철관음, 광둥성의 봉황수선, 대만의 우롱차 등 다양한 품종들이 있다. 이 분류법에서 우롱차는 사실 청차의 하위 범주에 속하는 차라는 것을 알 수 있다. 그러나 일반적으로 '우롱(烏龍)'은 사실상 이 카테고리의 포괄적인 용어가 되었으며, 현재는 '청차'와 거의 같은 의미로 사용되고 있다.

반발효 차는 중국에서 가장 대표적인 차 종류이자 가장 종류가 다양하다. 각기 다른 반발효 정도와 제다인의 유념·홍배 기법이 결합되면 지역별 차이와 장인의 특색이 놀랍도록 다양해진다.

청차 생산의 핵심 단계는 유념을 한 찻잎을 쟁반에 던지거나 흔들어 의도적으로 찻잎에 상처를 내는 것이다. 결과적으로 발효가 촉진된다. 우롱차의 잎 가장자리가 붉은색을 띠는 녹색인 것을 본 적이 있다면, 이것은 던지는 과정에서 생긴 마찰 때문이다. 홍배 과정까지 거치면 찻잎의 원초적인 풋내와 타닌이 특별한 맛과 아로마로 변모된다.

몇 가지 대표적인 청차와 그 제다 과정을 살펴보자.

무이차는 푸젠성 북부의 무이 산맥에서 재배한다. 이 지역의 원래 지형 지세는 '36개의 절벽과 99개의 봉우리'로 유명하다. 주목할 만한 무이 품종으로는 대홍포, 육계, 백계관 등이 있다. (이 지역의 지형에 대한 자세한 내용은 6장의 '육계'를 참조)

과정: 채엽 → 위조(쇄청과 양청) → 주청(흔들었다가 가만히 식히는 과정을 번갈아 하는 것) → 초청(炒靑)과 유념(1차로 솥에서 살청 → 1차 유념 → 2차 살청 → 2차 유념) → 초배(첫 홍배) → 탄량(攤晾) → 간척(揀剔) → 복배(두 번째 홍배) → 단포(團包) → 복화(複火) → 완제품

푸젠성 남부의 안시에서 생산되는 **철관음**은 중국인들이 널리 마시는 차다. 수년에 걸쳐 변하는 입맛에 따라 기존의 중홍배는 훨씬 더 가벼운 홍배로 바뀌었다.

과정: 채엽 → 쇄청 → 량청(晾靑) → 요청(搖靑) → 초청 → 유념 → 초홍 → 포유(包揉) → 복홍 → 복포유 → 홍건 → 완제품

타이베이 외곽의 무자에서도 대만에 이식된 안계 나무의 혈통을 잇는 차나무로 만든 철관음이 만들어진다. 목책철관음은 안계철관음과는 약간 다른 과정을 거치는데, 특히 홍배를 더 강하게 하는 것이 특징이다.

우롱차는 대만의 북부, 중부, 남부에서 생산된다. 가장 보편적인 품종은 청신 우롱, 금훤, 취옥(翠玉)이다. 중저고도 지역에서 생산되는 우롱차(예: 동정)는 더 진하게 발효된 반면, 고산 지대에서 생산되는 우롱차(예: 리산)는 일반적으로 가볍게 발효되고 약하게 홍배한다.

과정: 채엽 → 일광 위조 → 실내 위조 → 양청 → 살청 → 발효 → 유념 → 해괴(解塊) → 초건(초배) → 정치회윤 → 단유(團揉) → 복배 → 완성품

대만에서 만든 **포종차**는 가볍게 또는 적당히 발효시킬 수 있다. 오늘날에는 예전만큼 인기가 높지는 않지만 차 역사에서는 중요한 위치를 차지하고 있다.

과정: 채엽 → 일광 위조(열풍 위조) → 실내 위조 → 초청 → 유념 → 초건(초배) → 복건(복배) → 완성품

동방미인차는 종종 홍차로 잘못 분류되는데 사실이 대만 차의 발효 수준은 반발효 범위 내에 있다. 다만 소록엽선이 뜯어 먹는 과정을 거치기 때문에 우려낸 찻물이 황금빛 붉은색을 띠고 꿀 향이 난다. 이는 청차보다 홍차의 특징적인 향이라서 혼동하는 경우가 많다.

차란 무엇인가? 113

홍차 (완전 발효)

홍차는 통잎 기문홍차, 전홍, 정산소종, 다즐링에서부터 분쇄 후 혼합한 표준화된 상업용 제품에 사용되는 저등급 홍쇄차에 이르기까지 모든 것을 포함한다. 이 모든 차를 한데 묶는 공통점은 완전히 발효되었다는 사실이다.

완전 발효 차는 몇 가지 점에서 반발효 차와 다르다. 제다 과정에서 찻잎의 가장자리만 상처를 입히면 반발효가 되고, 우려낸 찻물은 황금빛 노란색을 띤다. 완전 발효된 차에서는 각 찻잎의 더 넓은 면적이 손상되어 산화가 촉진되고 찻잎의 색과 최종적으로 우려낸 찻물 모두 붉은색으로 변한다.

상급 홍차의 제조 공정은 다음 단계로 구성된다.

1. 위조

위조의 목적은 찻잎의 수분을 증발시켜 유념을 하기 좋게 더 유연하게 만들고 찻잎의 특별한 향기를 끌어내기 위한 것이다. 위조용 선반은 온도 20~24°C, 상대 습도 70%로 관리되는 실내에 설치된다. 필요한 시간은 18~24시간 사이이다. 또는 열풍(30~34°C)을 위조하는 바구니 위로 불어넣어 소요 시간을 6~8시간으로 단축할 수도 있다.

2. 유념

유념은 잎의 조직을 파괴해 내부 성분(효소와 조직)이 서로 접촉할 수 있도록 돕는 작업이다. 잎을 고르게 발효하려면 유념을 적어도 두 번은 해야 한다. 잎이 어릴수록 향이 좋기 때문에 가해지는 압력은 더 약해도 된다. 오래되고 거친 잎은 우려낸 차의 색이 주된 초점이기 때문에 압력과 유념을 더 강하게 한다. 유념이 끝나면 잎을 느슨하게 풀고 체로 쳐서 덩어리를 부수고 열을 방출하며 통잎과 부서진 잎을 분리하고 발효가 고르게 이루어질 수 있도록 한다.

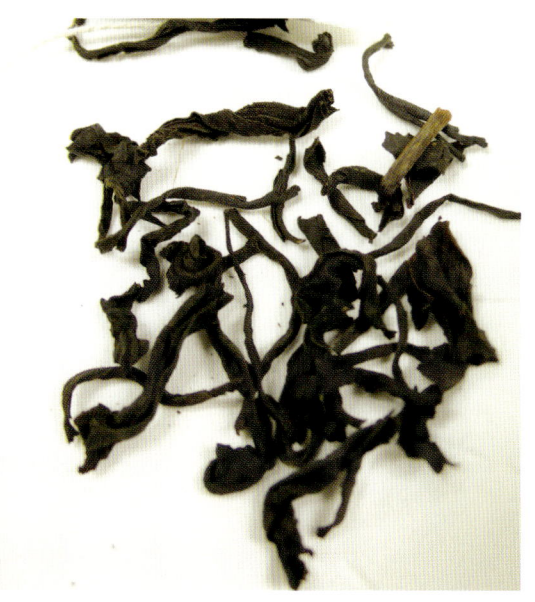

3. 발효

유념 과정에서 이미 발효가 시작되었지만 찻잎이 최적의 조건에서 완전히 발효되기 위해서는 실제 발효 단계가 필요하다. 홍차 발효의 핵심은 산화 중합을 통해 폴리페놀 산화효소를 촉매로 하는 카테킨이 형성되고, 이 과정에서 테아플라빈, 테아루비긴 등 기타 산화물이 형성되는 것이다. 잎은 서서히 붉게 변하고 꽃과 과일 향이 신선한 잎의 풀 향을 대신한다. 이것은 발효 정도가 이제 이상적인 수준에 이르렀다는 표시다.

4. 건조

이 단계는 고온으로 하는데, 효소 활동을 중단하고 수분을 증발시켜 잎을 더 단단하게 만들고 홍차 특유의 색과 향을 내기 위함이다.

5. 정제

체에 내리고, 줄기를 제거하며 키질을 하면 잎은 다양한 품질 등급으로 분리된다. 홍쇄차의 경우, 위조 → CTC(으깨고 찢고 말기) → 발효 → 건조 → 선별의 과정을 거친다.

서양 홍차의 세계에서는 중국이나 인도산 차를 원료로 사용한다. 기계를 사용해 찻잎을 잘게 자르고 그해 수확한 다양한 등급의 찻잎을 섞어 균일하게 블렌딩한다. 이에 대해서는 '홍차의 분류'에서 더 자세히 살펴보겠다.

흑차 또는 보이차 (후발효)

흑차는 채엽을 한 후 악퇴(쌓아서 수분 공급) 기법을 사용해 발효가 일어나도록 해서 만든다. 그 결과 찻잎의 색이 짙어진다. 그런 다음 찻잎에 증기를 쐬어주면서 병차나 전차, 타차 등을 포함해 다양한 모양과 크기로 압축해 숙성시킨다.

가장 잘 알려진 흑차는 보이차, 더 구체적으로 말하면 숙('익힌')보이차다. 이는 광둥식 딤섬 레스토랑에서 흔히 접할 수 있는 차다. 다른 흑차로는 광시성의 육보차, 후난성의 복전차, 쓰촨성의 아안장차 등이 있다.

악퇴 기법에는 어떤 과정이 수반될까? 일반적으로 찻잎을 약 75cm 높이로 쌓아 올린다. 찻잎에 물을 뿌린 다음 뚜껑을 덮어 발효가 일어날 수 있는 습하고 따뜻한 환경을 조성한다. 수돗물의 염소는 맛에 악영향을 미치므로 반드시 샘물이나 우물물을 사용해야 한다. 이 과정을 완료하는 데는 약 42~45일이 걸린다.

현대적인 형태의 악퇴는 1970년대에 홍콩의 차 명인인 루주쉰(盧鑄勳)이 체계화했다. 그는 급하게 주문받은 보이차의 마감 기한을 맞추기 위해 이 발효 기술을 고안했다. 그의 방법은 다른 제다인들에게도 영향을 미쳐 보이차의 역사가 다시 쓰였다.

숙성 보이차 외에 보이차의 또 다른 형태는 '생'보이차다. 이 형태의 보이차는 악퇴 과정을 거치지 않는다. 먼저 녹차로 만든 다음 압착 과정 후 저장고에서 수년 동안 자연적인 후발효 과정을 거친다. 숙성 보이차와 마찬가지로 생보이차도 후발효 과정을 거치기 때문에 흑차로 분류된다.

생보이차와 숙성 보이차 모두 후발효 과정을 거치기 때문에 적절한 보관 조건만 갖추어진다면 시간이 지날수록 그 맛이 향상될 가능성이 높다. 일부에서 주장하는 것처럼 생보이차가 숙성 보이차보다 반드시 우월한 것은 아니며, 이는 대체로 상업적인 과장에 불과하다. 시간이 지남에 따라 두 보이차 모두 더 깊은 풍미를 얻을 수 있다.

문제는 일부 판매자들이 비싼 값에 팔려고 거짓 주장을 펼친다는 점인데, 예컨대 어린 악퇴 보이차를 30~40년 동안 보관한 생보이차로 속이거나, 혹은 악퇴 보이차와 생보이차 잎을 함께 섞어 병차로 만들기도 한다. 어쨌든 어떤 종류든 보이차를 구입할 때는 우리의 후각이 판단을 내리도록 해자. 어떤 차에서 곰팡내, 신 냄새 또는 비린내가 나면 피하도록 하자!

곰팡내에 대해 말하자면, 많은 사람이 보이차에 이런 인상이 있다. 아마도 이들은 중국 식당의 품질이 낮은 보이차가 처음 접한 보이차일 가능성이 높다. 사실 품질 좋은 보이차는 곰팡내가 전혀 나지 않고 맛있는 매실과 용안 향을 풍긴다.

보이차의 곰팡이

보이차에서 후발효를 거치는 주요 미생물은 소량의 곰팡이와 효모다. 곰팡이는 효모가 빠르게 증식하는 데 필요한 영양분인 다당류와 단당류를 다량으로 만들어낸다. 곰팡이는 주로 안전하고 식용 가능한 균주로 인정받는 검정곰팡이다. 이 곰팡이는 곡물과 식물성 제품에서 찾아볼 수 있다. 보이차의 특징적인 향과 특유의 그윽한 단맛은 이러한 유익한 곰팡이 균주의 존재와 불가분의 관계에 있다.

보이차 잎 표면에 녹색 또는 검은색 곰팡이가 자라는 것을 발견하면 마시지 마라. 반면에 유익한 곰팡이가 자라면 얇은 '백상(白霜)' 층이 형성되며, 이는 보이차에서 흔히 볼 수 있는 현상이다.

불: 홍배의 마술

홍배는 우롱차의 품질을 보존하고 차 풍미의 특성을 수정하고 안정화하기 위한 기술이다. 로스팅의 중국식 표현인 홍배(烘焙)는 당도(焙)는 유지하면서 수분(烘)은 제거하는 것을 의미한다. 또한 홍배는 찻잎의 풋내와 불순물을 제거하기도 한다. 홍배가 잘 된 찻잎은 더 오랫동안 신선함을 유지할 수 있으며, 사실 오랜 시간에 걸쳐 더욱 향상된다.

원치 않는 풋내, 과도한 수분, 불순물, 액상 기포, 끓는점이 낮은 기타 물질들을 제거하기 위해 높은 온도에서 하는 것이 원칙이다. 그러면서 수분 함량이 감소하고 쓴맛과 묵은 맛이 제거된다.

산에서 차를 생산하면 홍배 과정을 두 차례 거친다. 한 번은 모차(미완성 차 제품)를 만들 때 하는 홍배고, 그다음으로 잎의 줄기, 노란 잎을 제거한 후 모차를 다시 홍배해 완제품을 만든다. 홍배 과정에는 원하는 품질을 얻기 위해 두 계절의 찻잎을 섞어 사용하기도 한다.

홍배를 하는 동안 마이야르 반응이 일어난다. 이는 아미노산과 환원당 사이의 화학 반응으로, 불에 구운 고기나 구운 빵처럼 고열을 가했을 때 음식이 갈색을 띠고 구운 풍미를 내는 것이다. 거부할 수 없을 정도로 맛있는 스테이크를 만드는 마이야르 반응은, 차에서도 모차 잎과 최종적으로는 우려낸 찻물의 색, 향, 맛을 승화시킨다.

홍배는 차의 다양한 면을 끌어내기 위해 조정된다. 일반적으로 가볍게 홍배를 하면 더 섬세하고 향기로운 차가 만들어지고, 강한 홍배는 더 풍부한 보디감과 강렬한 풍미를 만들어낸다. 그러나 홍배 전문가는 홍배의 세부적인 부분을 훨씬 더 세밀하게 제어해, 무한한 미묘함을 지닌 차를 만들 수 있다.

홍배는 제다인들이 차를 마시는 사람들의 마음을 사로잡기 위해 경쟁하는 핵심 분야다. 일관된 품질과 독특한 홍배 스타일은 구매자들이 다시 차를 사게끔 유도한다. 당연히 내부 홍배 기술은 철저히 비밀에 부쳐진다.

홍배 방법

- 숯으로 하는 홍배: 찻잎을 바구니에 넣고 숯불에서 한다. 이 방법은 중간 정도로 발효되었거나 상당히 발효된 차에 적합하다. 숯의 품질이 중요한데, 품질이 좋지 않은 숯을 사용하면 찻잎에서 매캐한 냄새가 나기 때문에 차의 품질이 떨어진다. 일부 차 애호가들은 숯을 만드는 나무의 종류를 고집하기도 하는데, 예를 들어 용안 나무로 만든 숯은 홍배를 할 때 단맛을 내는 것으로 유명하다. 숯으로 하는 홍배의 효과 중 하나는, 숯이 연소하는 동안 생성된 탄산이 찻잎에 흡수되어, 나중에 찻잎을 우릴 때 탄산이 물을 부드럽게 해서 우려낸 차의 풍미가 향상된다는 점이다.
- 전기로 하는 홍배: 홍배 바스켓을 전기 코일 히터 위에 올리는 방식이다. 이 방법을 사용하면 제다인이 홍배를 더욱 정밀하게 제어할 수 있으며, 일부 제다인들은 숯으로 하는 홍배의 효과와 매우 근접하게 재현하기도 한다.
- 기계로 하는 홍배: 홍배 기계 내부의 선반에 찻잎을 펼쳐 놓고 일정한 온도로 찻잎을 고르게 데우는 방식이다. (이 기계는 상자처럼 길쭉한 모양 때문에 속칭 '냉장고'라고도 불린다!) 현재 이 방법은 차 생산자와 판매자가 가장 일반적으로 사용하는 방법이다.
- 원적외선 홍배: 찻잎을 홍배하기 위해 일정한 온도에서 열을 발생시키는 데 원적외선을 사용하는 방식이다. 열이 찻잎을 투과해 찻잎 안팎으로 열이 고르게 분포된다. 다른 홍배 방법보다 수분 함유량을 빠른 속도로 감소시켜 원치 않는 냄새를 신속히 제거하고 생산량을 늘릴 수 있다. 이 가공 방법으로 만든 차를 우리면 매끈하고 달콤하다.

꽃차: 향차

명나라의 『다보』(차에 관한 책)에서 구원경은 연꽃 향이 나는 차를 만드는 방법을 기록했다. "동트기 전에 반쯤 열린 연꽃잎을 열어 중심부를 고운 찻잎으로 채운다. 대마 끈으로 꽃을 느슨하게 묶어 하룻밤 동안 그대로 둔다. 다음날 아침 꽃을 따고 열어 찻잎을 쏟아낸다. 잎을 종이에 싸서 홍배를 하고 말린다. 찻잎을 다른 연꽃에 채워서 이 과정을 반복한다. 이 과정을 여러 번 반복하면 맛있고 향기로운 연꽃차가 만들어진다."

찻잎은 꽃의 향기를 흡수해 꽃차가 된다. 『다보』에 따르면 연꽃 외에도 '오스만투스, 재스민, 장미, 램블러 장미, 난초, 오렌지꽃, 치자, 목향, 매화 등을 모두 차에 사용할 수 있다'고 한다. 오늘날 우리가 가장 자주 접하는 꽃차들인 재스민, 장미, 난초, 오렌지꽃, 자몽꽃, 오스만투스, 인동 등은 서로 매우 유사하다.

꽃차를 만드는 과정은 크게 네 단계로 나뉜다.

1. 향 입히기: 먼저 찻잎을 얇게 펼친다. 그런 다음 찻잎 위에 향긋한 꽃을 흩뿌린다. 이 과정을 번갈아 가며 반복한다.

2. 열 방산: 찻잎과 꽃 더미를 함께 저어주면 열이 발생해 꽃과 찻잎에 약한 발효 효과가 생긴다. 그런 다음 찻잎을 펼쳐 식힌다. 한 시간 동안 식힌 후 모든 재료를 다시 조향 상자에 넣고

향을 입히는 과정을 계속한다.

3. 꽃 분리하기: 다음날 아침이 되면 대부분의 꽃 향기가 찻잎에 흡수될 것이다. 이제 찻잎을 쏟아붓고 혼합물을 체로 쳐서 분리한다.
4. 홍배하기: 꽃의 수분이 찻잎에 흡수되었을 것이므로 찻잎을 홍배해 과도한 수분을 제거한다. 홍배는 꽃향기가 찻잎에 더 깊숙이 스며들게 하는 효과도 있다.

고품질의 꽃향기 차를 만드는 것은 매우 노동 집약적인 과정이다. 위에서 서술된 단계는 대만의 포종 꽃차 생산법이다. 1945년 일본의 대만 통치가 끝나면서 많은 중국 본토인들이 대만으로 이주했다. 차 상인들은 새로운 고객을 유치하기 위해 포종 향차에 '항저우', '황산' 등 본토의 유명한 차 산지의 이름을 붙여 브랜드화하기 시작했고, 현지에서 생산되는 차 모델도 이 지역의 대표 제품을 따라 만들었다. 그렇게 해서 향차의 새로운 물결이 탄생했다.

그러나 그 이후, 취향의 변화로 전통적인 향차의 높은 위상은 사라졌다. 대신 품질이 낮은 블렌딩 차가 시장에 쏟아져 나왔다. 포종차의 정교한 기술이 꽃향차의 황금기를 재발견하도록 할 것이다.

홍차의 분류

중국 홍차

중국 홍차는 세 가지 범주로 나눌 수 있다. 공부홍차, 소종홍차, 그리고 홍쇄차다. 앞의 두 종류는 통잎차이고, 세 번째는 CTC(으깨고 찢고 말기) 공정을 통해 잎을 잘게 부순 홍차다.

공부홍차 카테고리에는 몇 가지 주목할 만한 품종이 있다.

- 기홍차(祁紅茶)는 주로 안후이성 기문 현에서 생산된다. 이 차는 꿀과 난초 향이 난다.
- 전홍차(滇紅茶)는 윈난성의 펑칭, 린창, 솽장 등지에서 생산된다. 마른 잎이 통통하고 단단하게 말려 있으며, 황금빛 솜털로 덮여 있다. 품격이 독보적인 차다.
- 영홍차(寧紅茶)는 장시성의 슈수이, 우닝, 퉁구 등지에서 생산된다. 찻물은 진하고 붉은빛이 도는 윤기가 있다.
- 천홍차(川紅茶)는 주로 쓰촨성 이빈에서 생산된다. 찻물은 신선한 과일 향과 그윽한 풍미를 풍긴다.
- 영홍차(寧紅茶)는 장시성의 슈수이, 우닝, 퉁구 등지에서 생산된다. 찻물은 진하고 붉은빛이 도는 윤기가 있다.
- 천홍차(川紅茶)은 주로 쓰촨성 이빈에서 생산된다. 찻물은 신선한 과일 향과 그윽한 풍미를 띤다.
- 이홍차(宜紅茶)는 후베이성의 이창, 언스 등지에서 생산된다. 달콤하고 깨끗하며 화사하고 오래 가는 향이 난다.
- 민홍차(閩紅茶)는 푸젠성에서 생산되며 백림공부, 탄양공부, 정화공부로 다시 세분화된다. 말린 백림공부의 잎은 노란색과 검은색을 띠며, 찻물에서는 감초 향이 느껴진다. 탄양공부는 우리면 밝은 황금빛이 돌며, 펼쳐진 잎은 전체적으로 붉은색을 띤다. 정화공부에는 두 가지가 있다. 정화대백차로 만든 대차(大茶)와 소엽종 차나무로 만든 소차(小茶)가 그것이다.
- 호홍차(湖紅茶)는 후난성의 안화, 타오위안, 렌위안, 펑양, 사오양, 창사, 류양에서 생산된다. 찻물의 색은 강하고 선명하다.
- 월홍차(越紅茶)는 주로 저장성 사오싱에서 생산된다. 이 차의 아로마는 깨끗하고, 맛이 풍부하며, 밝은 붉은색이다.

소종홍차의 경우, 위조와 건조를 할 때 소나무 장작불을 사용하는데 그 결과 차에서 소나무 향이 두드러지게 느껴진다. 소종홍차는 정산소종과 외산소종으로 나뉜다. 전자는 신선하고 그윽한 맛에 용안 향이 나는 반면, 후자는 좀 더 밝은색을 띠고 사용한 찻잎은 청동색을 띤다.

하지만 공부차와 소종홍차가 이런 특징을 지녔어도 가장 인기 있는 홍차 종류는 홍쇄차로 대부분 티백으로 포장한다.

서양의 홍차

서양 홍차는 홀리프(Whole leaf), 브로큰(Broken leaf), 차 조각, 이 세 가지 주요 카테고리에 따라 등급이 매겨진다. 가장 높은 등급의 홀리프 홍차는 FOP(Flowery Orange Pekoe)로 알려져 있으며, 가장 낮은 등급은 패닝(Fannings)과 더스트(Dust)로 내려간다.

이 신기한 이름은 사실 찻잎이 가지에 달린 위치와 관련이 있다. FOP는 연한 잎눈을, 오렌지 페코는 그 아래 첫 번째 잎을, 페코는 그다음 잎을 가리킨다. 그보다 더 아래에 있는 크고 오래된 잎은 페코 소종과 소종으로 알려졌지만, 보통은 채엽하지 않는다. FOP 등급은 잎눈만 땄다는 뜻이고, P 등급은 잎눈과 다음 두 잎을 함께 땄다는 뜻이다.

브로큰 차의 등급을 매길 때도 같은 원칙이 적용된다. 찻잎이 작은 조각으로 잘게 찢어지더라도 원재료의 품질은 그대로 인정된다. 따라서 FBOP(Flowery Broken Orange Pekoe)는 브로큰 페코(BP)보다 우수하다고 여긴다. 브로큰 차 아래에는 다양한 등급의 패닝(남은 조각), 마지막으로 티 더스트가 있다.

이 용어의 어원에 관심이 있는 독자들을 위해 설명하자면, '페코'는 부드러운 찻잎과 새싹에서 볼 수 있는 솜털을 의미하는 푸젠성 남부 단어인 페호(白毫, 북경어: 바이하오)에서 유래한 것으로 추정한다. '오렌지'는 채엽된 혹은 산화된 찻잎에서 관찰되는 주황색-노란색 빛에서 유래한 것으로 보이며, 이 단어는 나중에 차 등급을 매기는 데 사용되었다.

인도, 스리랑카, 케냐 등 세계 주요 홍차 생산지에서는 홍차 제조에 필요한 다양한 등급의 원료를 공급한다. 홍차 판매상들은 각자의 독특한 블렌딩을 통해 고객의 입맛에 맞는 홍차를 만든다.

차란 무엇인가? 125

카테고리	등급	약자
홀리프	플라워리 오렌지 페코	FOP
	오렌지 페코	OP
	페코	P
브로큰	플라워리 브로큰 오렌지 페코	FBOP
	브로큰 오렌지 페코	BOP
	브로큰 페코	BP
차 조각	브로큰 오렌지 페코 패닝	BOPF
	페코 패닝	PF
	오렌지 패닝	OF
	패닝	F
	더스트	D

빈티지의 유혹

계절마다 가장 신선하고 생동감 있는 차를 맛보는 것은 봄의 기운을 맞이하는 것과 같다. 그러나 이 싱그러운 순간이 지나고 어린잎이 성숙해지면 우아한 면모가 드러난다. 차의 빈티지는 찻잎 위에 아름답게 드리워진 겹겹의 베일과 비슷하다. 차를 우려내는 과정을 통해서만 그 겹을 벗겨내어 한 모금에 시간의 흐름을 드러낸다.

찻잎은 제조 시설을 떠난 후에도 보관하는 동안 계속해서 화학적 변화를 겪는다. 특히 공기 중 산소에 산화된다. 이는 차 제조 과정에서 일어나는 산화나 발효와는 달리 비효소적인 산화 과정이다.

숙성 과정을 서두를 수는 없다. 그렇다고 해서 일부 제다인들이 홍배나 악퇴로 숙성 속도를 높이려 하는 것을 막을 수는 없지만, 진짜 숙성 차가 지닌 진정한 맛은 얻지 못한다.

잘 숙성시킨 차를 고를 때 주의해야 할 사항이 두 가지 있다. 첫째, 외관이다. 찻잎의 모양이 띠 형태이든 공이나 떡 모양이든 숙성되면 색이 어두워진다. 우롱차는 어릴 때는 밝은 녹색이지만 시간이 지나면서 짙은 붉은색으로 변한다. 단단하게 말린 공 모양도 점차 느슨해진다. 보이병차는 시간이 지남에 따라 공기 중의 수분을 흡수해 떼어 내기 쉬워진다.

둘째, 잘 숙성된 차에서는 시큼한 냄새가 나지 않는다. 하지만 보이병차에서 나무 향이 난다면 이는 지극히 정상적이다. 숙성된 차를 포장에서 꺼낸 후 우려내기 전에 찻잎이 적응할 수 있도록 약간의 시간을 두어야 한다.

경험이 많은 차 애호가들에게도 고급 숙성차를 맛보는 것은 드물고 특별한 기회다. 기회가 온다면 이를 놓치지 말자.

4 글로벌 투어

전 세계 차 산지 투어

차를 즐기면서 동시에 차를 더 잘 이해하고자 하면 차 생산지를 지리적으로 이해해야 한다. 차는 강수량이 고르고 기온이 18~30°C 사이인 곳에서 재배된다. 차 재배에 가장 적합한 지역은 일반적으로 북위 42°와 남위 31° 사이다.

전 세계 차 생산지 중 중국은 차나무의 발상지로, 오늘날 윈난성의 2,000년 된 야생 차나무는 차의 살아 있는 화석과 같은 역할을 하고 있다. 중국의 대표적인 차나무 종은 여러 세대에 걸쳐 전 세계적으로 재배와 식재를 통해 번식해 왔으며, 시장 점유율에서 전 세계의 수요에 부응하고 있는 새로운 재배지들도 등장했다.

유엔식량농업기구(FAO)에 따르면 2017년 세계 차 생산량은 중국이 256만 톤으로 1위를 차지했으며, 인도가 132만 5천 톤, 케냐가 44만 톤, 스리랑카가 35만 톤, 베트남이 26만 톤, 튀르키예가 23만 4천 톤, 인도네시아가 14만 톤, 미얀마가 10만 5천 톤, 이란이 10만 톤으로 그 뒤를 이었다. 9위, 10위, 11위는 방글라데시, 일본, 아르헨티나로 각각 약 8만 톤 정도의 생산량을 보였으며, 대만은 1만 3천 톤으로 전 세계 26위를 차지했다.

세계 주요 차 재배지 투어는 중국의 양쯔강에서 시작해 강 북쪽 지역(장베이)에서 남쪽 지역(장난)으로 이동할 것이다. 그런 다음 중국 서남부, 중국 남부로 이동코자 한다. 다음으로 대만의 차 생산지를 방문해 고도가 낮은 재배지와 높은 재배지, 두 경로로 차 생산지를 둘러볼 것이다. 이어서 한국과 일본 등 동아시아 인접 국가를 둘러본 후 남아시아(인도, 네팔, 스리랑카)와 동남아시아 지역으로 이동할 것이다. 그런 다음 아프리카, 흑해·카스피해 지역, 마지막으로 남미로 투어의 범위가 확장된다.

중국: 강북차구 (장베이)

중국의 차 생산량은 전 세계의 약 45%를 차지하며 세계 1위를 차지하고 있다. 또한 6대 주요 다류를 모두 대량으로 생산하는 유일한 국가이기도 하다. 생산량이 증가하는 추세에 있으며, 이는 소비자의 구매력을 보여주는 것이기도 하다.

중국의 차 생산지는 크게 네 지역으로 나눌 수 있다. 즉, 장베이(강북차구), 장난(강남차구), 서남부(서남차구), 남부(화남차구) 지역으로 나뉜다.

장베이, 즉 강북차구는 양쯔강 중류·하류의 북쪽에 있다. 여기에는 친링산맥의 화이허강 남쪽 지역과 산둥성의 이허강 동쪽 일부 지역이 포함된다. 행정구역으로는 산둥성, 허난성과 간쑤성, 산시성, 쓰촨성, 안후이성, 장쑤성과 후베이성 일부가 포함된다. 이곳은 중국 최북단에 위치한 차 생산지다.

이 지역은 평균 기온이 15°C인 아열대 몬순 기후대에 속하며, 겨울철 최저 기온은 -10°C다. 낮과 밤의 일교차가 크고 강수량이 적다.

이곳의 토양은 주로 노란색이지만 일부 지역에서는 갈색 토양도 있다. 토양 구성 측면에서 볼 때 이곳은 중국 북부와 남부 사이 전이 지역이다. 이곳 차나무는 주로 몸통이 뚜렷하게 눈에 보이는 교목형이다. 일부 산악 지역은 미기후가 좋기 때문에 이 지역에서 생산되는 차의 품질이 매우 뛰어나다. 이 지역의 찻잎은 주로 녹차로 가공되며 황차가 소량 생산된다.

강북차구의 차 생산량은 중국의 4대 차 생산지 중 가장 적지만 오랜 역사와 명성을 자랑하는 많은 유명 차들의 산실이다. 일부 차는 지명과 차 품종의 이름을 딴 반면, 일부는 역사적으로 유명한 차에서 이름을 따왔다.

중국의 차 생산량			
차 유형	2010(1,000t)	2018(1,000t)	증가율
녹차	990.3	1,722.4	42.5%
백차	16.3	33.7	59.6%
황차	2.6	8.0	67.5%
우롱	168.8	271.2	37.8%
홍차	108.2	261.9	58.7%
흑차	129.5	318.9	59.4%

중국 강북차구의 주목할 만한 차

녹차

감고은호(碱固銀毫)	새산옥련(賽山玉蓮)	정군호(定軍毫)
계명공차(鷄鳴貢茶)	서간춘설(西澗春雪)	정촌녹차(鄭村綠茶)
곽산항아(霍山黃芽)	서부용아(敍府龍芽)	죽계용봉(竹溪龍鳳)
광산취록(匡山翠綠)	선동운무(仙洞雲霧)	진뢰검호(震雷劍豪)
광안송침(廣安松針)	선인장차(仙人掌茶)	진파모첨(秦巴毛尖)
구산암록(龜山岩綠)	설청(雪靑)	진파무호(秦巴霧毫)
구정설미(九頂雪眉)	성수모첨(聖水毛尖)	차운산 모첨(車云山毛尖)
구정취아(九頂翠芽)	소향춘록(蘇香春綠)	천강은아(天崗銀芽)
금강벽록(金剛碧綠)	송침차(松針茶)	천당운무(天堂雲霧)
금수취봉(金水翠峰)	수경명아(水鏡茗芽)	천보공명(天寶貢茗)
금채취미(金寨翠眉)	신농기(神農奇峰)	천주검호(天柱劍豪)
나원청봉(挪園青峰)	신양모첨(信陽毛尖)	천화곡첨(天華谷尖)
노호차(露毫茶)	신우태차(信禹台茶)	청산봉설(青山鳳舌)
뇌소분운(雷沼噴云)	십팔반황아(十八盤黃芽)	청회녹릉(清淮綠棱)
대오모첨(大梧毛尖)	악서취란(岳西翠蘭)	태백은호(太白銀毫)
대오수미차(大梧壽眉茶)	안강영봉(安康迎丰)	통강나촌차(通江羅村茶)
도독취명(都督翠茗)	앙천설록(仰天雪錄)	파산벽라(巴山碧螺)
동성소란화(銅城小蘭花)	양파은호(陽壩銀毫)	파산부용(巴山芙蓉)
류계옥엽(柳溪玉葉)	영강작설(寧強雀舌)	파산작설(巴山雀舌)
무당침정(武當針井)	영산검봉(靈山劍峰)	팔선운무(八仙雲霧)
백운모첨(白云毛尖)	영호선(瀛湖仙)	한수은릉(漢水銀棱)
백운춘호(白云春毫)	오산옥황녹차(五山玉皇綠茶)	해청봉차(海青鋒茶)
벽구용정차(碧口龍井茶)	오자선호(午子仙毫)	행산죽엽청(杏山竹葉青)
벽도검호(壁渡劍毫)	용안옥엽(龍眼玉葉)	향산공차(香山貢茶)
벽록차(碧綠茶)	용정취죽차(龍井翠竹茶)	향산취봉(香山翠峰)
부래청(浮來青)	용주차(龍珠茶)	협주벽봉(峽州碧峰)
북천진미차(北川珍眉茶)	운아취호(雲芽翠毫)	화산은호(華山銀毫)
산천용검차(產川龍劍茶)	육안과편(六安瓜片)	
삼리아모첨(三里埡毛尖)	융중백호(隆中白毫)	**황차**
상남천명(商南泉茗)	자양부서차(紫阳富硒茶)	원안녹원(远安鹿苑)
	전차(箭茶)	

중국: 강남차구 (장난)

장난은 중국에서 오랜 전통을 자랑하는 차 산지 중 하나로, 높은 명성을 자랑하는 차가 많다. 풍부한 산업 자원과 함께 대규모 농장들이 있는 곳이다. 생산량은 중국 전체 차 생산량의 약 3분의 2를 차지한다.

장난의 차 지역은 양쯔강 남쪽에 위치하며 남쪽으로는 광둥성과 광시성, 동쪽으로는 동중국해에 인접해 있다. 황산 타이후 유역의 언덕, 포양후와 둥팅후 주변 언덕, 푸젠성 북동부와 저장성 남부의 언덕이 여기에 포함된다. 이 지역의 대부분은 해발 1,000m 이상이며 다양한 언덕 지형으로 이루어져 있다. 행정 구역으로는 저장성, 후난성, 장시성, 후베이성, 안후이성, 장쑤성 남부가 포함된다.

평균 기온이 15°C 이상인 장난의 차 지역, 즉 강남차구는 아열대성 몬순 기후로 연간 강수량이 약 1,000~1,400mm에 이른다. 사계절이 뚜렷한 지역이기도 하다. 봄과 여름에는 풍부한 강우량은 연간 강수량의 60~80%를 차지하지만 가을은 대체로 건조하다. 이 지역의 토양 구성은 주로 황토와 갈색 토양이 섞인 붉은색 토양이 주를 이루며 간혹 충적토가 나타나기도 한다.

이곳에서 재배하는 차나무는 기본적으로 중엽과 소엽의 차나무 덤불이며, 일부 소수의 소엽·대엽종 교목 차나무도 함께 재배한다.

이 지역에서는 주로 녹차, 홍차, 흑차, 꽃차를 생산한다. 그중에서도 저장성의 서호용정, 장쑤성의 벽라춘, 안후이성의 황산모봉과 같은 품종이 포함된 녹차가 가장 유명하다. 이 차들은 역사적으로 아주 예로부터 명성을 얻었으며 중국 10대 명차 중 하나로 꼽힐 만큼 찾아볼 만한 가치가 있다.

중국 강남차구의 주목할 만한 차

녹차
가동영롱차(桂東玲瓏茶)
각농순호(覺濃舜毫)
강산록모단(江山綠牡丹)
강화모첨(江華毛尖)
개산백모차(開山白毛茶)
개화용정(開華龍頂)
건덕포차(建德苞茶)
경산차(徑山茶)
경장록설(敬亭綠雪)
계강벽옥춘차(桂江碧玉春茶)
계림모첨(桂林毛尖)
고교은침(高橋銀針)
고동춘(古洞春)
고봉운무(高峰雲舞)
고우강야차(牯牛降野茶)
광북은첨(廣北銀尖)
구갱모첨(鳩坑毛尖)
구고뇌차(狗牯腦茶)
구화모봉(九華毛峰)
귀지취미(貴池翠微)
금단작설(金壇雀舌)
금산시우(金山時雨)
금산취아(金山翠芽)
금수백우차(金秀白牛茶)
금장혜명차(金獎惠明茶)
금종차(金鍾茶)
금죽운봉(金竹雲峰)
낙창모차(樂昌毛茶)
난계모봉(蘭溪毛峰)
난령람봉(蘭嶺嵐峰)
남경우화차(南京雨花茶)
남령람봉(南嶺嵐峰)
남산수미(南山壽眉)
남악운무차(南岳雲霧茶)
녹검차(綠劍茶)
담당모봉(覃塘毛峰)
대불용정(大佛龍井)
대장군차(大將軍茶)
대장산차(大鄣山茶)

동릉야성설(銅陵野省舌)
동백춘아(東白春芽)
동정춘차(洞庭春茶)
동정호벽라춘(洞庭湖碧螺春)
동지운첨(東至雲尖)
동해용설(東海龍舌)
둔록(屯綠)
마고차(麻姑茶)
만룡송침(萬龍松針)
망부은호(望府銀毫)
망해차(望海茶)
매령모첨(梅嶺毛尖)
모간황아(莫干黃芽)
모산장청(茅山長青)
모산청봉(茅山青峰)
무령차(武嶺茶)
무석호차(無錫毫茶)
무원명미(婺源茗眉)
무원묵국(婺源墨菊)
문공은호(文公銀毫)
반안운봉(磐安雲峰)
보타불차(普陀佛茶)
부서선지(浮瑞仙芝)
사산취호(祠山翠毫)
삼배향(三杯香)
상요백미(上饒白眉)
서명용첨(四明龍尖)
서주황벽차(瑞州黃檗茶)
서초괴(瑞草魁)
서호용정(西湖龍井)
선도순봉(仙都笋峰)
선도전호(仙都典毫)
선우향아(仙寓香芽)
설수운록(雪水雲綠)
소포암차(小布岩茶)
송라차(松羅茶)
송양옥봉(松陽玉峰)
수서취백차(水西翠柏茶)
신농검차(神農劍茶)
쌍봉벽옥(雙峰碧玉)

쌍용은침(雙龍銀針)
쌍정차(雙井茶)
악남검춘(鄂南劍春)
악북대백차(岳北大白茶)
안길백편(安吉白片)
안인호봉(安仁毫峰)
안탕모봉(雁蕩毛峰)
안화송침(安化松針)
양도은침(梁渡銀針)
양선백설(陽羨白雪)
양암구청차(羊岩勾青茶)
여산운무(廬山云霧)
여성은침(汝城銀針)
영가오우차(永嘉烏牛茶)
영암검봉(靈岩劍峰)
용계화청(湧溪火青)
용화춘호(龍華春毫)
월향용정(越鄉龍井)
은후차(銀猴茶)
이강은침(漓江銀針)
이산성설(野山省舌)
이천은호(二泉銀毫)
인화은침(仁化銀針)
임해반호(臨海蟠毫)
자산공차(紫霞貢茶)
장흥자순(長興紫筍)
전령은호(前嶺銀毫)
정강취록(井岡翠綠)
정안비취(靖安翡翠)
제기석견(諸暨石筧)
주란화차(珠蘭花茶)
죽로대방(竹老大方)
천강운백(泉崗惲白)
천공차(天工茶)
천도옥엽(千島玉葉)
천목청정(天目青頂)
천산진향(天山真香)
천존공차(天尊貢茶)
천항용조(泉港龍爪)
천향운취(天香雲翠)

탑탑산람차(塔塔山嵐茶)
태극운호(太極雲毫)
태백정아(太白頂芽)
태평후괴(太平猴魁)
태호취죽(太湖翠竹)
평양조향차(平陽早香茶)
포강춘호(浦江春毫)
폭포선명차(瀑布仙茗茶)
향고요백호(香菇寮白毫)
형계운편(荊溪雲片)
화정운무차(華頂雲霧茶)
황산록모단(黃山綠牡丹)
황산모봉(黃山毛峰)
황산송침(黃山松針)
황화운첨(黃花雲尖)
회봉차(回峰茶)

황차
군산은침(君山銀針)
위산모첨(溈山毛尖)

우롱차
고우강암차(牯牛降岩茶)

홍차
금정홍쇄(金井紅碎)
기문홍차(祁門紅茶)
녕홍금호(寧紅金毫)

흑차
복전차(伏磚茶)
안차(安茶)
흑전(黑磚), 화전(花磚)

꽃차
능운말리화차(凌雲茉莉花茶)
웅사패화차(雄獅牌花茶)
월령특제계화차
(越嶺特製桂花茶)
후왕패화차(猴王牌花茶)

중국: 서남차구

중국 서남 지역은 차나무의 원산지로 알려져 있다. 차나무 자원이 풍부하고 다양한 종류의 차가 생산된다. 이 지역은 차의 발상지일 뿐만 아니라 차 문화의 요람이기도 하다. 쓰촨성과 윈난성에서 시작된 차마고도로 알려진 고대 무역로는 중국 차 문화의 확산과 불가분의 관계에 있다.

서남의 차 지역은 윈난성, 구이저우성, 쓰촨성 대부분, 후난성 샹시 지역, 후베이성 서남부, 광시성 서북부, 티베트의 린즈 지역을 말한다. 쓰촨성과 윈난성 서남부의 언덕과 산, 윈구이 고원, 우링산맥 등 다양한 지형을 포함하고 있다.

이 지역은 아열대 몬순 기후대에 속하며 연평균 기온이 17~21°C로, 강수량이 풍부하고 상대 습도가 높다. 토양은 주로 적색, 황색-적색, 갈색-적색, 황색 등 복합적으로 구성되어 있다. 윈난성의 중부와 북부는 대부분 진홍색 토양, 산악 적토 또는 갈색 토양이다. 쓰촨성, 구이저우성, 티베트 동남부의 토양은 주로 황색이다. 서남부 차 지역에는 덤불형, 소형 교목형, 교목형 등 다양한 차나무가 있다.

윈난성은 보이차가 유래한 곳이기도 하다. 또한 윈난성은 중국 홍쇄차의 주요 생산지 중 하나이기도 하다. 이 지역의 다른 유명한 차로는 윈난성의 전홍과 전록, 구이저우성의 도균모첨, 충칭의 영천수아와 타차, 쓰촨성의 몽정황아와 몽정감로 등이 있다.

중국 서남차구의 주목할 만한 차

녹차

갈탄차(渴灘茶)	문군녹차(文君綠茶)	용불향명(龍佛香茗)	**백차**
강성전록(江城滇綠)	문군모봉(文君毛峰)	용산운호(龍山雲毫)	백호은침(白毫銀針)
강주명호(江洲茗毫)	미강취편(湄江翠片)	용천금명(龍泉金茗)	파남은침(巴南銀針)
검강은구(黔江銀鉤)	방평향명(方坪香茗)	용천모첨(龍泉毛尖)	
경곡대백차(景谷大白茶)	백호왕(白毫王)	우몽모봉(烏蒙毛峰)	**황차**
경성벽록(景星碧綠)	범정설봉(梵淨雪峰)	운무취록(雲霧翠綠)	능춘황대차(凌春黃大茶)
고전차(古錢茶)	범정취봉(梵淨翠峰)	운해백호(雲海白毫)	몽정황아(蒙頂黃芽)
구룡모첨(九龍毛尖)	불향차(佛香茶)	유주모봉(渝洲毛峰)	
귀정설아(貴定雪芽)	불화차(佛化茶)	유주벽라춘(渝洲碧螺春)	**우롱차**
귀정운무차(貴定雲霧茶)	사산벽침(獅山碧針)	은구차(銀球茶)	능춘우롱차(凌春烏龍茶)
귀주은호(貴州銀毫)	산경취아(山京翠芽)	은시옥로(恩施玉露)	
남나백호(南糯白毫)	상식원사차(桑植元師茶)	은주은구(恩州銀鉤)	**홍차**
내산우로(峽山雨露)	선은공차(宣恩貢茶)	이량보홍차(宜良寶洪茶)	금구홍차(金鉤紅茶)
녹봉황(綠鳳凰)	소설보희(雀舌報喜)	전청(滇青)	남천홍쇄차(南川紅碎茶)
능라춘(凌螺春)	소설취명(雀舌翠茗)	정풍파류차(貞豐坡柳茶)	능라홍차(凌螺紅茶)
능운백모차(凌雲白毛茶)	수선춘호(水仙春毫)	조춘녹차(早春綠茶)	백색홍쇄차(百色紅碎茶)
능춘모첨(凌春毛尖)	신필영춘(神筆詠春)	주봉성차(珠峰聖茶)	전홍(滇紅)
능춘은호(凌春銀毫)	십리향차(十里香茶)	준의모봉(遵義毛峰)	CTC 홍쇄차(CTC紅碎茶)
대관취화차(大关翠華茶)	아미죽엽청(峨眉竹葉青)	중팔향취(仲八香翠)	
도균모첨(都勻毛尖)	아산은호(峨山銀毫)	진운모봉(縉雲毛峰)	**흑차**
동산수봉(東山秀峰)	아예(峨蕊)	창산록설(蒼山綠雪)	보이차(普洱茶)
동파모첨(東坡毛尖)	양애모봉(羊艾毛峰)	채화모첨(采花毛尖)	죽통향차(竹筒香茶)
몽정감로(蒙頂甘露)	양태무록(凉台霧綠)	천마검호(天麻劍毫)	중경타차(重慶沱茶)
몽정석화(蒙頂石花)	영천수아(永川秀雅)	춘마옥차(春瑪玉茶)	칠자병차(七紫餅茶)
묘령벽아(苗岭碧芽)	오봉수선이구(五峰水仙茸勾)	취호향명(翠毫香茗)	하관타차(下關沱茶)
무동록봉(霧洞綠峰)	오봉춘미(五峰春眉)	폭포모봉(瀑布毛峰)	
묵강운침(墨江雲針)	옥록차(玉綠茶)	폭포설송(瀑布雪松)	**꽃 향차**
문강옥엽(文崗玉葉)	용미차(容美茶)	학림선명(鶴林仙茗)	문군화차(文君花茶)
		환산춘(環山春)	

중국: 화남차구 (화난)

중국 화난의 차 지역, 즉 화남차구는 북쪽으로는 후난성과 장시성, 동북쪽으로는 푸젠성 북부, 서남쪽으로는 베트남, 남쪽으로는 남중국해와 경계를 이루고 있다. 행정 구역에는 광둥성, 광시성, 푸젠성, 하이난섬이 포함된다.

이 지역은 아열대 몬순 기후대에 속하며 연평균 기온이 약 19~20°C로 4대 차 지역 중 가장 높다. 월 최저 기온은 1월의 경우 7~14°C다. 차의 성장 기간은 일 년에 10개월 이상이며 강우량이 풍부하다.

중국 남부에는 벽돌색을 띠는 비옥한 토양이 주를 이루고 있는데 일부 지역에서는 적색과 황색 토양도 발견된다. 토양층은 두껍고 유기물이 풍부하며, 주로 차나무 재배에 매우 적합한 성긴 점질 양토 또는 양질 식토다. 이 지역에는 다양한 종류의 차나무가 재배되고 있으며 교목형 나무, 소형 교목형 나무, 차 덤불과 관목 등이 있다.

이 지역은 역사적으로 오랫동안 차를 생산해 왔으며 유명한 차가 많이 있다. 이 지역의 차에는 녹차, 가공된 꽃 향이 나는 차, 홍차, 그리고 가장 주목할 만한 우롱차가 포함된다. 우롱차에는 푸젠성의 무이암차와 안계철관음(철과 같은 자비의 여신), 광둥성의 봉황단총 등이 포함된다. 그중에서도 무이산에서 생산되는 대홍포는 전 세계에서 가장 인기 있는 중국 차라 할 수 있다.

중국 화남차구의 주목할 만한 차

녹차
계평서산차(桂平西山茶)
구대엽녹차(鷗大葉綠茶)
남산백모차(南山白毛茶)
백모후(白毛猴)
백사녹차(白沙綠茶)
복건설아(福建雪芽)
석정녹차(石亭綠茶)
신의합라차(信宜合蘿茶)
연심(蓮芯)
운봉라호(雲峰螺毫)
천산녹차(天山綠茶)
청량산차(清涼山茶)
칠경녹차(七境綠茶)
학산고로차(鶴山古勞茶)

백차
백호은침(白毫銀針)

우롱차
대엽기란차(大葉奇蘭茶)
대포서암차(大埔西岩茶)
무이암차(武夷岩茶)
민남수선(閩南水仙)
민북수선(閩北水仙)
백아기란(白芽奇蘭)
봉황단총(鳳凰單叢)
석고평우롱(石古坪烏龍)
수선병차(水仙餅茶)
안계철관음(安溪鐵觀音)
영두단총(嶺頭單叢)
영춘불수(永春佛水)
용수(龍鬚)
팔선차(八仙茶)
황금계(黃金桂)

홍차
금정패홍쇄차(金鼎牌紅碎茶)
백림공부(白琳功夫)
백색 홍쇄차(百色紅碎茶)
연주차(連州茶)
영덕금호차(英德金毫茶)
영덕홍차(英德紅茶)
정산소종(正山小種)
정화공부(政和工夫)
탄양 공부(坦洋工夫)
해남 홍쇄차(海南紅碎茶)
환구패홍쇄차
　(環球牌紅碎茶)

흑차
창오 육보차(蒼梧六堡茶)

꽃 향차
복주 말리화차
　(福州茉莉花茶)
횡현 말리화차
　(橫縣茉莉花茶)

과일 향차
리치 홍차

포모사: 저고도, 중고도

대만 차, 특히 대만 우롱은 중국 차 중에서도 매우 인기가 많은 상품이다. 포모사 섬에서 생산되는 차에 대한 우리의 탐방은 두 가지로 나뉘어 진행된다. 먼저 1,000m 이하의 낮은 고도와 중간 고도에서 자라는 차를 살펴본 다음 1,000m 이상의 고산 지대에서 자라는 고산 품종에 주목할 생각이다.

1,000m 이하의 차 재배 환경은 주로 평지와 언덕이 많은 지역으로 구성되어 있다. 대만 섬 주변의 주요 중저고도 차 재배 지역을 살펴보자.

타이베이

- 난강구: 난강은 대만 포종차의 발상지다. 이 지역은 해발 200~300m에 위치하며, 청신 우롱이 주요 품종이다. 이 지역의 붉은 토양은 석회암을 포함하고 있으며 물을 쉽게 흡수한다. 이것이 바로 찻잎이 우아함을 발산하고 뒷맛이 풍부한 이유를 설명해준다.
- 원산구: 원산은 목책 차 지역으로 알려져 있으며 평균 해발 50m의 언덕이 많은 지형이 특징이다. 목책은 오랜 제다의 역사를 지녔으며 숙련된 생산자와 고급 차로 유명하다. 철관음과 포종이 주요 생산품이다. 푸젠성에서 수입한 이 품종들은 복숭아를 닮은 비대칭 모양의 잎에 가운데 부분이 붉은색을 띠고 있다. 차를 우리면 향은 섬세하고 고급스러우며, 뒷맛은 안계철관음과 비슷하다.

신베이

- 핑린구: 원산 포종차 산지 중 일부인 핑린은 해발 160m에서 1,100m 사이의 쉐산 북부에 자리잡고 있다. 이곳의 차는 경발효 경홍배로 제다한 향기로운 포종으로 초보자도 쉽게 즐길 수 있다.
- 스딩구: 스딩도 원산 포종차 지역에 속한다. 지형은 주로 해발 100~600m로 언덕이 많다. 이곳에서 생산되는 차는 핑린보다 더 많이 발효되어 오렌지색으로 우러나며 더 대담한 풍미를 지니고 있다.
- 스먼구: 스먼은 포모사 섬의 최북단에 있다. 이곳에서는 진하게 볶은 철관음을 만드는 데 적합한 단단한 줄기 홍신 차나무가 재배된다. 차를 우려내면 은은한 과일 향과 산미가 느껴지며 뒷맛이 강렬하다.
- 싼샤구: 삼면이 산으로 둘러싸인 싼샤는 해발 300m에서 1,700m 사이의 산으로 둘러싸여 있다. 이곳의 차 재배는 청나라 동치 시대(1861~1875년)에 시작되었다. 주로 용정과 벽라춘이 생산되며 포종과 동방미인차도 소량 생산된다. 용정과 벽라춘이

라 불리는 차들은 전통적인 솥에 덖는 제다 방식과 다르게 만들어진다는 점에 유의하자.

타오위안

- 룽탄구: 룽탄의 차 생산은 청나라 가경제 시대(1796~1820년)로 거슬러 올라간다. 기복이 심한 언덕의 해발 고도는 300~400m다. 룽탄은 주로 포종과 우롱차를 생산한다. 안타깝게도 이 지역의 찻잎은 거친데다 환경 변화로 인해 차의 품질이 떨어지면서 명성도 함께 하락했다.

신주

- 베이푸향: 베이푸향은 해발 300~800m에 위치한 구릉지대로, 주로 여름철에 생산되는 팽풍차로 유명하다. 소록엽선(작은 녹색 매미충)에 물린 청심대유 차나무의 여린 잎을 발효하고 가공해 우롱차를 만든다. 백호우롱으로도 알려진 이 차는 잘 익은 과일과 꿀 향과 함께 그윽한 호박색을 띠는 것이 특징이다.

먀오리

- 터우우향: 터우우향의 명성은 둥딩, 밍젠, 핑린과 대등한 수준이다. 주요 품종은 청심대유, 청신 우롱, 금훤, 취옥, 사계춘 등이다. 이곳에서 생산되는 최고의 차, 노전요차(명덕차라고도 함)는 한때는 대만에서 가장 유명한 우롱차라는 타이틀을 가졌으며 오늘날 대우령과 같은 가격을 받았다.

난터우

- 루구향: 루구향의 주요 차 재배지는 쎠린춰와 둥딩산이다. 재배 품종은 주로 청신 우롱과 금훤이다. 황색의 점토 토양은 적당히 발효되고 적당히

홍배된 차에 부드러우면서도 밀도 있는 단맛을 부여한다. 루구는 첸아치아오(陳阿蹺), 수스티에(蘇石鐵), 린쯔페이(林資培) 등 유명한 차 명인들의 고향이기도 하다.

- **위츠향**: 위츠향은 대만의 행정원 농업위원회 차업개량장(TRES)의 지부가 있는 곳이다. TRES는 아삼, 대차 7호, 대차 8호, 대차 18호 등 많은 대만 차나무를 재배해 왔다. 또한 대만의 토종 차나무를 육종하기도 한다. 대만 야생 동백나무와 미얀마 대엽종의 교배를 통해 탁월한 홍옥 품종(대차 18호)을 탄생시키기도 했다.

윈린

- **린네이향**: 린네이향 지역의 우롱차는 루구에서 도입되었다. 차나무는 해발 200m에서 400m 사이의 핑딩 차 지역에 분포하며, 대부분 금훤과 청신 우롱 품종이다.

가오슝

- **류구이구**: 류구이구 지역은 약 9m 높이로 자라는 대엽종 야생 대만 차나무로 유명하다. 차 재배 농장들은 이 지역의 산에서 땅을 빌려 경발효시킨 우롱차를 만들기 위해 채엽을 했다. 이 차는 진한, 마치 젤라틴에 가까운 질감이 느껴지는 쓴맛이 났다. 그러자 농부들은 인근 삼림지대에 나

무를 심기 시작했고 홍차, 녹차, 우롱차를 만들기 시작했다.

핑둥

- **만저우향**: 만저우향 지역은 중국 무이산맥에서 도입된 차 종류인 항구차로 유명하다. 이 차는 솥에서 찻잎을 덖어 가공한다. 생산지가 바다와 접해 있어 짭짤한 바닷바람이 말린 찻잎에 은빛 광채를 부여하고 약간의 짠맛을 더해 차 애호가들에게 많은 사랑을 받고 있다.

이란

- **둥산향**: 대만 동부의 산과 강이 어우러진 풍경은 매혹적이다. 둥산향에서 생산되는 차는 우아함이

묻어나는 가벼운 차를 선호하는 사람들에게 이상적이다.
- 자오시향: 자오시향은 차 생산지보다는 온천으로 더 잘 알려져 있다. 차 재배 지역은 우펑치 폭포와 가까워서 차 이름도 우펑차라고 불린다. 이 차는 작은 농장들에서 생산되는 특산차다.
- 싼싱향: 란양평원에 위치한 싼싱향은 뛰어난 수질의 축복을 받은 곳이다. 주요 차 품종은 금훤, 취옥, 청신 우롱이다.
- 다퉁향: 다퉁향의 차 생산지는 해발 약 120m의 위란(玉蘭)과 송뤄(松蘿) 마을 주변에 있다. 청신 우롱, 금훤, 취옥과 같은 품종들이 이곳에서 재배되며, 이 차는 옥란차로 알려져 있다.

화롄

- 루이수이향: 루이수이향 지역의 차 재배지는 해발 250~300m의 우허에 있으며 계단식 밭으로 되어 있다. 우롱차가 주 생산품이지만 흥미로운 홍차도 이곳에서 만들어진다. 이 홍차는 우롱차의 전형적인 생김새인 공 모양으로 말아 만든 완전 발효 차로, 두 다류 세계의 최고 장점들을 결합한 꿀 향과 풍미를 지녔다!

타이둥

- 루예향: 복록차 생산지가 이곳 루예향이다. 따뜻한 기후로 인해 봄 차는 비교적 이른 3월 초에 수확한다. 농장은 해발 175~300m에 있지만, 차의 품질이 뛰어나기 때문에 때때로 고산차로 둔갑해 시장에 혼란을 야기하기도 한다.

포모사: 고고도

대만의 고산차는 해발 1,000m 이상에서 재배한다. 이러한 고지대에서는 테루아가 가장 중요하다. 같은 청신 우롱 품종이라도 지역을 달리해 재배하면 차의 특성이 매우 달라진다.

고산차는 난터우의 둥딩산에서 묘목을 들여오면서 리샨 지역에 처음 등장했다. 처음에는 고급 정부 관리들을 위해 독점적으로 생산되었지만, 이후 차를 마시는 모든 사람에게 사랑받았다. 리샨을 기점으로 대만 전역의 고산 지대에 농장들이 설립되면서 이 차를 재배하는 지역이 확산되었다.

타오위안

- 푸싱구: 라라산으로도 알려진 푸싱구의 차 재배 지역은 바링, 광화, 신싱 산광의 언덕에 있다. 차나무는 주로 청신 우롱을 중심으로 해발 1,500~1,600m에 심겨 있다.

타이중

- 허핑구: 이곳 허핑구의 해발 1,700~2,600m에서 생산되는 차는 재배되는 산의 이름을 따서 취란, 화강, 가양, 신가양, 무릉, 복수산, 송무, 천부, 환산으로 불리는데, 이 지역을 통칭해 리샨 지역이라고 부른다. 같은 청신 우롱 품종이지만 각기 다른

하위 지역에서 생산되는 이 차들은 저마다 고유한 특성을 지녔다. 예를 들어, 복수산은 따뜻하고 섬세하며, 화강차는 좀 더 강인한 느낌을 준다.

난터우

- **주산진**: 주산진은 산린시와 다안산을 중심으로 한 차 지역으로, 대부분 자갈 토양에 적색과 황색 양토가 섞여 있다. 고속도로가 이 지역을 구불구불하게 가로지르는데, 각 구간은 쥐 굽이, 소 굽이 등 중국 12간지의 이름을 따서 붙여졌다. 그중에서도 염소 굽이(47km 지점)에서는 최고 품질의 차가 생산된다. 산린시의 차는 우아한 뒷맛과 어우

러진 독특한 꽃향기를 발산한다.
- **런아이향**: 해발 1,000~1,500m에 위치한 런아이향은 우제, 우서, 루산, 칭징 등의 차밭이 있다. 칭징의 숙무차는 한때 대만 차의 표준으로 여겨졌다. 해발 2,000m 이상의 농장에서 채엽한 차는 선명한 옥빛 녹색을 띤다.

- 수이리향: 수이리향은 해발 600~1,600m에 위치하며, 주로 모래 퇴적암과 이암 토양에서 청신 우롱을 재배한다. 이곳에서 생산되는 차는 미디엄 보디의 그윽한 맛을 자랑한다. 이 지역의 차 농장들은 수이리가 위산(玉山)과 가깝기 때문에 이 차를 옥산차(玉山茶)라고 명명했다.
- 신이향: 신이향의 차 농장들은 샤리시엔(沙里仙)과 타타지아에 있으며, 우려낸 찻물에서 꽃향기가 짙은 견고한 차 품종을 재배하고 있다. 안타깝게도 1999년 '921 대지진' 이후 산과 강은 더 이상 존재하지 않으며, 지진 이전부터 생산된 사리선차(沙里仙茶)는 극히 희귀한 상품이 되었다.
- 중랴오향: 지지산 북쪽, 해발 600~1,200m에 위치한 곳이 중랴오향이다. 이 지역에서 생산되는 차는 이첨차(二尖茶)라고 불린다. 지형과 기후로 인해 찻잎과 우려낸 찻물의 향이 비교적 평이하다.
- 궈싱향: 궈싱향의 차 생산 지역은 주로 창리우, 베이샨컹(北山坑), 세지컹(澀仔)에 분포되어 있다. 이곳의 차는 북산차(北山茶)로 알려져 있다. 이 차의 품질은 1999년 지진으로 인해 심각한 영향을 받은 바 있다.

자이

- 메이산향: 메이산향은 대만 고산차의 산실 중 하나다. 연평균 기온이 20~25°C에 달하고 강수량이 풍부해 이곳의 농장에서는 대만의 아리산 차를 대표하는 차가 생산된다. 하지만 마을마다 각기 특색이 다르다. 예를 들어, 장수후에서 생산되는 차는 부드러우며, 스쟈오에서 생산되는 차는 강렬하다. 타이허의 차는 여성적인 성격을 띠는 반면, 루이리와 루이펑의 차는 다소 남성적인 성격을 띠고 있다.
- 주치향: 주치향에서 가장 잘 알려진 차 산지는 스쟈오에 있다. 바위가 많은 지형 덕분에 차에 아주 흥미로운 미네랄 향이 더해져 대만에서 가장 독특한 고산 품종 중 하나로 꼽는다. 미네랄 노트는 무이차의 사암의 미네랄 노트와는 전혀 다르다. 최근 몇 년 동안 주치향은 젊은 세대가 돌아와 차 산업에 새로운 피와 신선한 아이디어를 불어넣으며 부흥을 맞이하고 있다.
- 판루향: 판루향 농민 협회는 사계절에 맞추어 차를 분류하고 우롱차와 금훤차를 엄격하게 구분하는 것을 주장한다. 이곳에서는 유기농 농법이 적극 권장되고 있으며, 이곳에서 생산되는 차는 자이현의 차들 중에서도 새로운 인기 차종으로 떠오르고 있다.
- 아리산향: 아리산향에서는 평균 해발 1,000m의 산악지대와 연평균 기온 16~21°C의 기후에서 차가 재배된다. 아리산 고산차를 우린 찻물은 진하고 따뜻하다. 이 차를 마시면 구름과 안개에 둘러

싸여 높은 산에 비치는 햇살을 살짝 엿보는 듯한 느낌을 받을 수 있다.

화롄

- 슈린향: 슈린향은, 대만에서 생산되는 차 중 가장 높은 고도에서 생산되는 차이자 대만의 우수한 차 품질을 상징하는 유명한, 대우령차의 본고장이다. 이 지역은 낮과 밤의 기온 차가 커서 찻잎이 두껍고 우려내는 과정에서 펙틴이 풍부하게 추출된다. 차밭은 중부횡관공로의 90~105km 지점 사이에 위치하며, 고산 지대의 풍미와 독특하고도 개성적인 뉘앙스가 어우러진 활기찬 모습을 보여준다. 우려낸 차의 색은 황록색으로 수정처럼 맑으며, 감각을 상쾌하게 하는 숭고한 꽃향기가 느껴진다.

요약하면, 다음에 대만의 차 중 가장 주목할 만한 저고도 품종과 고산 품종이 나열되어 있다. 이 차들은 모두 시도해볼 만한 가치가 있다!

대만의 주목할 만한 차

녹차
산협벽라춘(山峽碧螺春)
해산용정차(海山龍井茶)

우롱
남항포종차(南港包種茶)
대우령(大禹嶺)
동방미인(東方美人)
동정차(凍頂茶)
리산차(梨山茶)
매산우롱차(梅山烏龍茶)
매타차(梅台茶)
명덕차(明德茶, 노전요차)
목책철관음(木柵鉄觀音)

문산포종차(文山包種茶)
복록차(福鹿茶)
복수장춘차(福壽長春茶)
복수차(福壽茶, 백호우롱)
삼림계(森林契)
삼성상장차(三星上將茶)
석문철관음(石門鐵觀音)
송백장청차
　(松柏長青茶, 포종차)
수산차(壽山茶)
아리산 우롱차
　(阿里山烏龍茶)
아리산 주로차
　(阿里山珠露茶)

오령차(五苓散)
오봉차(五峰茶)
옥란차(玉蘭茶)
용봉차(龍鳳茶)
용수차(龍鬚茶)
용천차(龍泉茶)
운정차(雲鼎茶)
육귀야생산차
　(六龜野生山茶)
육귀차(六龜茶)
육복차(六福茶)
장안차(長安茶)
죽산 금훤차(竹山金萱茶)
죽산 우롱차(竹山烏龍茶)

청산차(青山茶)
태봉고산차(太峰高山茶)
항구차(港口茶)
해산포종차(海山包種茶)

홍차
밀향홍차(蜜香紅茶)
소심차(素心茶)
일월담홍차(日月潭紅茶)
천학차(天鶴茶)
허강홍차(鶴岡紅茶)

일본

중국 당나라에서 유래된 일본 녹차는 다도의 미학을 홍보하면서 일본의 중요한 문화 산업으로 발전했다. 일본 다도, 즉 차도의 미학은 '맑음, 고요, 조화, 고독'을 추구한다. 이러한 미학이 일상생활에 적용되면서 일본 녹차는 높은 평가를 받으며 전 세계적으로 독보적인 지위를 얻었다.

일본 녹차는 찻잎을 찐 다음 맷돌에 갈아서 말차라고 하는 차 가루로 만들어진다. 말차를 마시는 방법은 찻잔에 적당량의 말차 가루를 넣고 뜨거운 물을 부은 다음 대나무 거품기로 차와 물을 섞는 것으로 시작된다. 이러한 방식으로 휘저으면 차의 사포닌 성분이 표면에서 하얀 거품으로 변한다. 이는 중국 송나라에서 유래된 차 음용 관습으로, 이후 일본으로 전파되어 대중화되었다.

살청 과정에서 잎을 찌는 것 외에도 홍배를 하거나 솥에 덖은 녹차도 만들어진다.

일본의 주요 녹차 생산지는 아키타, 니가타, 사이타마, 시즈오카, 미에, 교토, 후쿠오카, 사가, 가고시마 등이다. 시즈오카는 위도가 높아 일본에서 생산되는 녹차의 3분의 2를 차지하는 차 제품인 센차를 주로 생산한다. 말차와 달리 센차는 가루로 갈지 않고 찻잎을 통째로 우린다. 센차는 다시 아사무시(가볍게 찌는 방식) 센차와 후카무시(길게 찌는 방식) 센차로 나뉜다.

일본 말차는 주로 교토 남쪽의 우지에서 만들어진다. 이곳에는 300~400년 동안 대대로 가업을 이어온 제다 업체들도 있다. 자신들의 유산과 축적된 전문 지식을 통해 이들은 놀라운 지위를 얻었다.

일본 차에 사용되는 차 품종은 원래 중국에서 도입되었다. 그러나 수확량과 서리에 대한 저항성을 향상시키기 위해 야부키타 차나무를 재배했다. 이 품종은 오늘날 일본 차의 75%를 차지한다. 다른 품종으로는 유타카미도리, 오쿠미도리, 사에미도리, 사야마카오리, 가나야미도리, 아사츠유 등이 있다. 주목할 만한 일본 차에는 시즈오카 차, 우지 차, 미에현의 이세 차, 후쿠오카의 야메 차, 사이타마의 사야마 차 등이 있다.

교쿠로, 가부세차, 반차, 호지차, 겐마이차 등 일본 차에 대한 다른 용어들도 접할 수 있을 것이다. 교쿠로는 직사광선을 받지 않고 그늘에서 재배한 프리미엄 녹차로, 강렬한 감칠맛을 느낄 수 있다. 이와 유사한 가부세차는 재배 기간 중 일부 기간만 그늘에서

재배하기 때문에 품질 면에서 교쿠로와 센차의 중간 정도에 속한다. 반차는 첫 번째로 채엽한 잎으로 만든 센차와는 달리 두 번째로 채엽한 녹차다. 호지차는 견과류 향이 나는 볶은 녹차다(찌고 말린 후 홍배 과정을 거친다). 겐마이차는 녹차와 볶은 현미를 섞어 만든 인기 음료다.

흑유 다완

흑색 유약을 바른 다완에 말차를 우려내면 유약의 어두운색이 차의 옥빛을 더욱 돋보이게 한다. 이러한 이유로 송나라 시대부터 흑유 그릇은 휘저어 만든 녹차를 우릴 때 매우 인기가 있었다. 이 그릇은 푸젠성 젠양의 가마에서 만들어졌다. 그릇 바닥에 새겨진 문구는 이 그릇이 궁전에 바치는 공물이었다는 것을 알려준다. 이 다완은 오늘날까지도 여전히 인기가 있다. 많은 차 애호가들은 이 찻사발이 보이차와 우롱차의 맛을 더 감미롭게 만든다고 말한다.

글로벌 투어 155

한국

한국인이 생각하는 차는 찻잎을 우려낸 것이 아니라 원료로 사용되는 식물을 의미한다. 여기에는 뿌리줄기, 과실, 곡물, 씨앗, 꽃, 잎 등이 포함된다. 원료를 오랜 시간 담가 두었다가 꿀을 넣고 혼합물을 발효시켰다. 마지막으로 발효된 차를 끓이면 한국 전통차가 만들어지는 것이다.

차가 중국에서 한반도에 전래된 것은 한국의 삼한 시대(기원전 57년~서기 668년) 초다. 『삼국사기』(삼국시대사)에 따르면 신라에서는 선덕여왕(632~647년) 때 차를 마시기 시작해 고려 시대에 차 문화가 더욱 발전했다. 그러나 조선 중기(1392~1910년)에 이르러 중국의 차 문화는 쇠퇴하기 시작했고, 결국 한반도에서 차는 사라지게 된다.

하지만 한국의 차나무 재배는 사라지지 않았다. 보성, 하동, 제주도 등지에서 차 재배가 활발하게 이루어지고 있으며, 주요 생산품은 녹차다. 봄은 채엽하기에 가장 좋은 시기다. 증기로 살청을 한 후 잎을 플레이크, 바늘, 나선형과 같은 다양한 모양으로 가공한다. 찻잎은 찻봉오리만 있거나 찻봉오리 하나에 두 개의 잎이 붙어 있는 형태가 있으며, 품질에 따라 등급을 매긴다.

한국에서의 차 등급 분류는 중국의 전통적인 채엽 시기와 일치한다. 4월 중순 곡우가 시작되기 전에 따낸 연한 잎눈을 우전이라고 한다. 우전은 한국 시장에서 가장 비싼 녹차를 만드는 데 사용한다. 곡우에서 입하까지의 기간에 딴 잎을 세작이라고 한다. 그 이후에 딴 잎은 중작, 한여름에 딴 잎은 대작이라고 한다.

한국의 주요 녹차 종류로는 봉로, 우비, 옥로, 반야, 옥록, 설록, 죽로, 운상 등이 있으며, 모두 주로 국내 소비를 목적으로 한다. 하지만 한국 문화가 엔터테인먼트 산업, 가전제품, 요리 등을 통해 전 세계 곳곳으로 뻗어 나가면서 세계 무대에서도 한국 차가 크게 부상할 가능성이 높다.

인도

인도의 거리에서는 '차 당기기' 장면을 흔히 볼 수 있다. 저급 찻잎을 베이스로 사용해 물을 넣고 이 혼합물을 끓인 다음 우유와 설탕을 넣는다. 그런 다음 차를 한 손에 든 컵에서 다른 손에 든 컵으로, 다시 첫 번째 컵으로 왔다 갔다 붓는데, 붓는 거리가 점점 더 멀어지면서 차를 만드는 사람이 손 사이에서 차를 '당기는' 것처럼 보이도록 반복한다. 이런 식으로 차를 섞으면 거품이 많은 우윳빛 음료가 된다.

그런 다음 차를 작은 토기 컵에 담는다. 사람들이 차를 마신 후 사용한 잔을 바닥에 부수는 것을 관찰하면 흥미로운데, 이는 잔을 부수는 것이 신앙의 새로운 출발을 상징하는 제스처다. 인도 속담인 '차 한 잔을 마시고 인생을 즐기라(Chai piyo, mast jiyo)'는 인도 사람들이 행복을 추구하는 데 차를 어떻게 포함시켰는지를 알 수 있다.

인도 홍차는 과거 인도의 식민지 시절과 관련이 있지만, 새로운 인증 시스템이 도입되면서 인도 다즐링 홍차는 프리미엄 홍차로 인정받게 되었다.

다즐링은 '홍차의 샴페인'으로 알려져 있다. 이 홍차는 히말라야 산기슭의 다즐링 고원에서 재배된다. 차밭은 해발 900~2,500m에 위치하며 연평균 기온은 15°C다. 낮에는 일조량이 풍부하고 낮과 밤의 기온 차가 큰 편이다. 계곡은 일 년 내내 안개로 가득 차 있어 다즐링 차의 독특한 아로마를 만들어내는 데 도움이 된다.

다즐링의 각 다원은 와인 농장처럼 관리된다. 생산 기법, 생산량, 가격이 잘 통제된다. 최고급 다즐링 차는 품질이 뛰어나고 매년 3월부터 11월까지 한정된 기간에만 생산되기 때문에 가격이 매우 비싸다.

봄비가 내린 후 3월부터 4월까지 수확하며, 이 시기를 퍼스트 플러시(first flush)라고 한다. 5~6월에는 세컨드 플러시(second flush)라 하는 여름 수확을 한다. 그리고 마지막으로 10월부터 11월까지 오텀 플러시(autumn flush)가 진행된다. 세컨드 플러시 다즐링은 뮈스카 포도의 매혹적인 아로마가 더해져 특히 풍미가 뛰어나다. 대부분의 인도 홍차는 우유와 설탕을 첨가해야 하지만, 다즐링은 그 자체로 매우 맛있게 음미할 수 있다.

아삼은 또 다른 유명한 인도 홍차다. 최고의 아삼 차는 6~7월에 수확하며, 10월과 11월에 수확한 가을 홍차도 향이 매우 강해 인기가 높다. 잎은 얇고 평평하며 짙은 갈색을 띤다. 적갈색 차를 우려내면 장미 향이 살짝 느껴지는 가벼운 몰트 향이 느껴진다. 풍미가 매우 강렬해 겨울에 마시기 좋다.

다즐링과 아삼의 차 지역 외에도 닐기리, 캉그라, 시킴과 같은 곳들도 엄격한 품질 관리, 분류와 인증을 통해 홍차를 생산하기 시작했다. 다즐링은 프리미엄 홍차로 명성을 떨쳐왔지만, 다른 지역에서는 대부분 홍쇄차를 생산한다.

2004년 다즐링 차는 세계무역기구에서 지리적 표시, GI를 획득했다. 2011년에는 유럽연합이 다즐링에 지리적 표시 보호, PGI를 부여해 프랑스 보르도 와인, 스카치 위스키, 스페인의 라만차 사프란과 같은 제품과 유사하게 비유럽 제품으로는 전 세계에서 최초로 이러한 보호 메커니즘을 갖춘 제품이 되었다.

이 인증을 바탕으로 인도 홍차는 꾸준히 인정을 받으며 더욱 가치를 인정받는 상품이 되었다. 캐슬턴, 마카이바리, 정파나 같은 최고급 차 농장들을 포함해 87개의 농장이 현재 다즐링 홍차의 합법적인 생산 지역으로 인정을 받고 있다. 즉, 이 87개 농장에서 생산된 차만 이 인증 마크를 사용할 수 있으며, 엄격한 분류 시스템에 따라 전 세계에 판매한다.

스리랑카

실론 홍차는 세계 4대 홍차 중 하나로, 원래 영국 통치 시절 중국에서 윈난성 홍차 재배법이 도입되면서 생산되기 시작했다.

2세기가 지난 후 스리랑카는 홍차 재배 지역을 확장했으며, 주요 홍차 생산지는 중부 고원 지대 주변에 흩어져 있다. 해발 고도에 따라 차는 저산차(해발 600m 미만), 중산차(600~1,200m), 고산차(1,200m 초과)로 분류한다. 대만 차와 달리 이곳에서는 종종 각기 다른 고도의 찻잎을 섞어 독특한 풍미를 만들어낸다.

중부 고원지대에서부터 7개의 주요 차 산지가 바깥쪽으로 뻗어 있다. 고지대에서 차를 생산하는 누와라 엘리야, 딤불라, 우바, 우다 푸셀라와 중간 고도에서 차를 생산하는 캔디, 저지대에서 차를 생산하는 루후나와 사바라가무와 등이 있다.

고지대 차는 재배와 생산에 많은 비용이 든다. 해발 1,000~1,600m에서 재배되는 우바 차는 스리랑카에서 가장 고급스러운 차 제품이다. 최고의 차는 7월에서 9월 사이에 수확된다. 우려낸 차는 황금빛 노란색을 띠며 약간의 쓴맛과 떫은맛이 있지만 뒷맛은 달콤하다.

누와라 엘리야 차 지역은 해발 2,000m에 자리 잡고 있다. 우려낸 찻물의 색은 노란색을 띤 오렌지색으로 매우 강하고 짙은 맛이 나며, 여러 번 우려도 향을 잃지 않는다.

스리랑카는 오랫동안 세계 주요 브랜드에 홍차를 공급하며 차 세계의 '숨겨진 영웅'으로 자리매김해 왔다. 현재 스리랑카 정부는 홍차 수출이 필수적으로 ISO3720 표준의 요건을 충족해야 하는 실론차 품질 라벨을 발행해 실론 홍차의 수준을 한 단계 끌어올렸고, 이로써 실론차는 '세계에서 가장 깔끔한 차'라는 명성을 얻었다.

글로벌 투어 161

네팔

네팔은 차를 재배한 역사가 오래되었다. 1863년 네팔의 정 바하두르 라나 총리는 중국을 방문해 차 종자를 가져왔다. 그는 일람 언덕과 자파 평원에 두 개의 차 농장을 연이어 설립하면서 네팔의 차 산업이 시작되었다.

네팔의 차 생산지는 남동부에 집중되어 있으며 일람, 자파, 판치타르, 단쿠타, 테라툼, 타플중이 주요 생산지다. 2차 차 생산 지역으로는 신두팔촉, 보즈푸르, 우다야푸르, 코탕, 산쿠와사바, 누와콧, 랄릿푸르, 라메합 등이 있다.

기복이 심한 산악 지형 한가운데에, 차나무들은 해발 약 2,000m에 있는 남쪽을 향한 차밭에 심겨 있다. 공기가 희박하고 일조량이 풍부해 나무가 매우 천천히 자란다. 차를 우려내는 동안 다량의 찻잎 엑기스가 찻물로 방출된다.

최고급 네팔 전통 차(정통 차)는 주로 인도와 가까운 일람과 단쿠타 지역에서 생산된다. 단쿠타 차는 해발 1,000m 이상의 고지대에서 재배되며 다즐링과 수확 시기가 비슷하다. 이러한 이유로 단쿠타 차는 역사적으로 종종 다즐링 차로 둔갑해 판매되어 왔다. 차 생산은 주로 소규모로 이루어지며 평균 농장 규모는 0.6헥타르에 불과하다. 농장들은 자신들이 생산한 차를 인근 공장에 판매하거나 소규모 시설에서 직접 차를 만든다.

현재 네팔의 최우선 과제는 자국 차의 고유한 향을 강조해 국가 경제에 더 직접적으로 도움이 되도록 하는 것이다. 2018년 네팔 국립 차·커피 개발 위원회는 단체 상표를 출시하고 규제 기준을 충족하는 차 제조업체들에게 인증서를 발급해 국제 시장 진출에 힘을 실어주고 있다.

동남아시아

동남아시아에서 생산되는 차는 과거 대만에서 이식된 금훤 품종을 사용한 우롱차가 주종을 이룬다. 베트남, 태국, 미얀마, 인도네시아 등의 국가들은 모두 어느 정도 차를 생산한다. 베트남의 지리적 환경과 차 산업에 대한 대만의 투자로 인해 베트남에서 생산되는 반발효 차는 대만의 금훤 우롱과 매우 유사하다. 이로 인해 안타깝게도 위조가 만연해졌다. 품질 관리가 제대로 이루어진다면 이 지역의 차도 고유한 개성을 살려 판매될 수 있는 잠재력이 많기 때문에 안타까운 일이다.

베트남

베트남은 비옥한 토양과 여름철 강수량이 풍부한 열대 기후대에 속해 있어 차나무 재배에 적합한 곳이다. 지방의 절반 이상에 차 농장이 있다. 베트남 북부의 차 재배 지역은 푸토, 하장, 옌바이, 타이응우옌, 라오까이, 일루응이아로, 닌빈, 띤박장 등이다. 중부의 차 지역에는 탄호아, 응에안, 하띤, 꽝옌 등이 있다. 중부 남부 고원에는 플레이쿠, 꼰뚬, 롱남, 부온미투옥, 바오록 등의 차 지역이 있다.

타이응우옌 성은 연간 차 생산량이 19,000톤에 달하는 최대 차 생산지다. 이곳에서 생산되는 많은 품종 중에서도 특히 탄끄엉 코뮌에서 재배되는 차가 유명하다. 산맥이 몬순으로부터 보호하는 안정된 기후 덕분에 차나무가 번성할 수 있었다. 낮과 밤의 큰 일교차와 습한 기후는 이 고산 녹차에 독특한 풍미를 부여한다.

베트남은 연꽃차도 생산한다. 연꽃과 녹차의 조화는 꽤 독특하다.

태국

태국은 열대 몬순 기후대에 속하며 지형은 언덕과 고원이 주를 이룬다. 주요 차 산지는 태국 북부의 도이 매 살롱과 도이퉁에 자리 잡고 있다. 태국 차는 말린 차, 씹는 차, 마시는 차로 나뉜다.

태국 북부는 중국 윈난성과 가깝다. 이곳에는 산악 지역에 대엽종 야생 차나무가 많다. 소엽 품종은 주로 대만의 청신 우롱, 청신대유, 금훤, 취옥, 사계춘이다. 대엽 품종은 일광에 살청하거나 솥에 덖어 살청을 해서 녹차를 생산한다. 홍차와 보이차 등 다른 차들도 생산된다. 소엽 품종은 녹차와 우롱차로 가공된다.

　태국 북부에서 생산된 차는 한때 '우롱차', '고산차', 심지어 '대만 우롱차'라는 이름으로 대만으로 수출되어 혼란을 야기하기도 했다. 그러나 점차 지역 특산품의 고유한 특성을 강조하려는 노력이 늘고 있다. 매 살롱의 차 지역에서는 차에 태국어로 농장 이름을 표기하고 있으며, 태국 정부는 'OTOP(One Tambon One Product)'[3] 정책에 따라 태국 차 산업의 부흥을 목표로 태국 북부산 차를 홍보하고 있다.

---

3) 2001년 탁신정부 시절에 도입된 지역 사업 진흥 프로그램.-옮긴이

미얀마

샨주는 미얀마 동쪽의 주요 차 생산지며 동쪽으로는 중국 윈난성, 라오스, 태국과 국경을 접하고 있다. 미얀마 차의 약 80%가 이곳에서 생산된다.

미얀마는 주로 녹차, 홍쇄차, 발효 절임차를 생산한다. 절임차는 식후에 소화를 돕기 위해 마시고, 때로는 브로드빈이나 볶은 땅콩과 함께 섞어 현지의 차 음료로 마시기도 한다. 미얀마 사람들은 홍차를 우려내기 전에 홍차 잎을 으깨고 연유를 넣어 밀크 티를 만든다. 미얀마에서도 우롱차를 생산하지만 아직 생산 기술이 완전히 발달하지는 않았다.

샨주 북동쪽의 코캉은 영국 식민지 시대에 산악 지역에서 대대적으로 차를 재배하고 수확하는 작업을 수행했다. 코캉의 차는 대엽종과 아삼 품종을 사용하며, 품질이 뛰어나 영국 왕실과 귀족들에게 공급되었다. 식민지 시대가 끝나자 차 농장들은 양귀비 재배로 전환했다.

2007년 골든 트라이앵글 지역에서는 양귀비 재배가 금지되었다. 대체 식물 작물 개발을 지원하기 위해 외자 기업이 이 지역에 진출했다. 미얀마는 풍부한 차나무 자원을 보유하고 있기 때문에 새로운 차 품종의 도입은 전망이 밝은 분야다.

아프리카

브뤼셀에서 열린 2007 세계 차 박람회에서는 아프리카 대륙의 차 생산에 관한 전시라는 뜻밖의 볼거리가 있었다.

아프리카가 주요 차 생산 지역이 된 것일까? 사실 식민지 시대에 많은 아프리카 국가에 차나무가 심어진 바 있다. 19세기부터 영국인들은 말라위와 남아프리카에서 차를 재배했다. 현재 차 생산 지역은 케냐, 우간다, 부룬디, 탄자니아, 모잠비크, 르완다, 짐바브웨, 에티오피아, 콩고, 모리셔스, 잠비아, 레위니옹, 마다가스카르, 말리, 세이셸로 확장되었다. 지리적·기후적 적합성으로 인해 대륙의 남동쪽에서 집중적으로 재배하고 있다.

아프리카는 주로 홍차와 녹차를 생산한다. 중국의 차 기업들이 진출하면서 차 산업의 발전을 주도했다. 아프리카에서 생산되는 녹차는 중국 현지에서 생산되는 녹차의 대안으로 중국 차 시장에 점차 도입되고 있다.

케냐

케냐는 아프리카에서 가장 큰 차 생산국이며, 거의 한 세기 동안 차 산업을 통해 상당한 외화 수입을 창출해왔다.

케냐는 적도에 걸쳐 있다. 열대 초원 기후의 평균 기온은 14~26°C이며, 강우량과 일조량이 풍부해 일 년 내내 차 재배에 이상적인 조건을 갖추고 있다. 그레이트 리프트 밸리 양쪽의 약산성 화산재 토양 덕분에 이 지역은 차 재배에 더욱 적합하다. 케냐 홍차는 대체로 향이 선명하고 대담한 CTC 홍쇄차다. 주로 티백, 인스턴트 차, 아이스티, 가향차 등으로 가공된다.

고품질 케냐 홍차는 이상적인 테루아 조건을 갖춘데다 찻잎 새싹을 수작업으로 수확해 소비자들에게 호평을 받고 있다.

말라위

아프리카 남동부에 위치한 말라위는 아프리카 대륙에서 가장 오래된 차 생산지다. 이곳의 열대 기후는 주로 덥고 습하며, 차나무는 해발 400~1,300m의 고지대에서 자란다. 티올로의 구릉 지형은 해발 약 1,200m에 자리 잡고 있다. 기후는 시원하고 쾌적하며 강수량이 적당해 티올로는 최고급 차 생산지로 잘 알려져 있다.

말라위 차는 다른 나라에서 생산된 찻잎과 함께 섞어 홍차 블렌딩에 많이 사용한다.

흑해와 카스피해 지역

흑해와 카스피해 지역의 차 산지에는 튀르키예, 이란, 조지아, 러시아 일부가 포함된다. 과거에는 중국에서 실크로드를 통해 육로로 차를 운송했다. 전차(磚茶) 형태의 홍차가 주요 수출품으로 흑해 지역의 수요를 충족시켰다. 시간이 지남에 따라 홍차 음료의 인기가 높아져 이곳 사람들의 생활필수품이 되었고, 수입 의존도를 낮추기 위해 현지에서 차를 생산하기 시작했다. 이 지역에서는 홍차에 설탕을 많이 넣어 마시는 것이 일반적이다.

튀르키예 사람들은 차를 좋아한다. 국제 차 위원회의 통계에 따르면 튀르키예의 차 소비량은 세계에서 가장 높다. 튀르키예인은 평균적으로 1년에 차를 1,300잔 마시는데, 이는 하루에 3~4잔을 마시는 셈이다.

1888년 튀르키예는 마르마라 해 지역에서 차를 재배하기 위해 중국산 차 종자를 사용했다. 하지만 기후가 부적합해 이 시도는 실패로 돌아갔다. 이후 중국 저장성 닝보 출신의 차 명인인 류쥔저우(劉峻周)가 차나무 재배에 성공하면서 이 지역에서 차 생산이 시작되었다. 이때부터 이 지역의 국가들은 중국 차나무를 성공적으로 재배할 수 있었다.

튀르키예의 주요 차 재배 지역은 흑해에 인접한

리제, 아르트빈, 트라브존 등이다. 1965년에 튀르키예의 차 생산량은 자급자족을 할 만큼이 되었으며, 주로 홍차와 소량의 녹차를 생산했다. 2014년 튀르키예는 중국에서 녹차와 백차 품종을 도입했다. 그중 복정대백(화차 1호)은 매우 잘 적응하고 수확량과 품질 면에서 뛰어났다. 이 차는 이후 튀르키예 경제에 크게 이바지했다.

조지아 공화국이 설립되기 전, 중국 차나무가 청나라 시대에 도입되어 차가 큰 인기를 얻었다. 소련이 붕괴된 후 차밭은 대부분 방치된 채로 남아 있었다. 하지만 조지아의 차 산업이 다시 부흥할 수 있다는 희망적인 신호들이 나타나고 있다.

남아메리카

아르헨티나, 브라질, 페루, 에콰도르, 볼리비아, 콜롬비아는 모두 주로 홍차를 중심으로 차를 생산한다. 남미의 차는 대부분 홍쇄차로 수출되며, 세계 최대 규모의 차 공장에서 블렌딩 차의 원료로 사용한다.

물론 남미는 마테차로도 유명하다. 아르헨티나, 우루과이, 파라과이, 브라질에서 인기 있는 이 음료는 일반적으로 통 모양의 컵에 빨대를 꽂아 마시는 것이 일반적이다. 이 차는 남미 아열대 지역에 서식하는 감탕나무과 식물인 예르바 마테 식물(Ilex paraguariensis)로 만든다. 말린 잎을 뜨거운 물에 담가 마테차를 만든다. 마테차에는 콜레스테롤 수치를 낮추고 당뇨병과 위궤양 증상을 완화하는 것부터 혈액순환을 촉진하고 멀미를 예방하는 것까지 신체에 많은 도움이 되는 효능이 있다. 현지인들은 '그린 골드'라고 불리는 마테를 청량제와 강장제로 사용한다고 강조한다.

아르헨티나는 마테차와 정통 차의 주요 생산지다. 1923년 중국, 러시아에서 차 품종을 도입했고, 1950년 아르헨티나 정부는 농부들이 차나무를 직접 재배하도록 장려하기 위해 차 수입을 제한했다. 아르헨티나의 차 농장들은 주로 북동쪽의 미시오네스 주와 코리엔테스 주에 집중되어 있다. 이 지역은 차 재배에 적합한 따뜻한 기후를 자랑한다. 흥미로운 우연은 미시오네스와 대만이 지리적으로 대척점에 있다는 사실이다. 즉, 지구 표면에서 서로 정반대 위치에 있다.

글로벌 투어

5
차를 어떻게 마실 것인가?

차 마인드의 함양

맛보고, 시음하고, 평가한다는 뜻의 중국어 '핀(品)'은 입(口) 세 개로 구성되어 있다. 품차(品茶), 즉 차를 맛볼 때 우리는 단순히 차를 마시는 것이 아니라 시간을 들여 차를 음미하고 그 좋은 점을 감상하는 것이다. 차 한 모금을 정성스럽게 세 번 마신다고 생각하면 된다.

차 시음은 편안한 분위기에서 이루어져야 하며, 지금 하고 있는 활동에 온전히 감각을 집중할 수 있어야 한다. 차를 마시면서 우리는 차의 색, 향, 맛 등 감각적인 측면을 음미하면서 이를 차의 원산지, 테루아, 계절, 심지어 문화적 의미와 연관 짓는 과정을 반복적으로 거친다.

이 장에서는 차의 잠재력을 최대한 추출하기 위해 찻잎을 우려내는 방법에서부터 다양한 차를 시음할 때 주의해야 할 감각적인 특성에 이르기까지 차를 시음하는 행위를 살펴볼 것이다. 또한 물이나 잔과 같이 찻잎 이외의 요소들이 미치는 영향에 대해서도 살펴볼 것이다.

차는 창의성을 위한 통로다. 엄격한 규칙에 얽매여서는 안 된다. 그러나 차를 끓이는 연습을 하고 이 주제에 긴 시간을 투자한 많은 이들이 여전히 이 점을 완전히 이해하지 못한다. 예를 들어, 저울로 차의 무게를 측정하거나 스톱워치로 차를 우리는 시간을 측정하는 등의 방식을 사용하는 경우를 종종 볼 수 있다. 실제로 전 세계의 차 대회와 차 품평회에서는 이와 동일한 방법, 즉 찻잎 3g을 3~5분간 우려내는 방식을 채택하고 있기 때문에 이러한 관행은 매우 전문적으로 보이며 실제로 그렇기도 하다. 동시에 전문가들은 한 가지나 두 가지 또는 수십 가지 차의 품질을 감별한다. 우리는 시간과 찻잎의 양을 동일하게 유지하면 향과 맛에 대한 비교적 객관적인 평가가 가능해진다.

하지만 여가와 감상을 위해 차를 마실 때 이 정도로 수학적 정확성이 필요할까, 혹은 그것이 환영받을 수 있을까? 우려내는 차의 종류와 관계없이 전반적으로 단일한 접근법을 적용하면 각 차의 개성을 인식하기 어렵다. 또한 점토, 도자기, 유리, 은 등과 같은 찻주전자의 재질과 같은 다른 요소들도 고려하지 않게 된다. 사실 차를 우릴 때 이러한 측면에 대해 배우는 데만 평생이 걸릴 수 있다!

그러므로 이 장은 지침서가 아니라 안내서라고 생각하는 것이 좋다. 물론 차의 기본 원칙을 배우되, 그 후에는 자신의 코와 미각을 믿기 바란다.

색, 향, 맛의 삼위일체

색

우려낸 찻물의 외관으로 우리가 알 수 있는 것은 무엇일까? 차의 색깔과 투명도를 보면 차를 만드는 사람의 기술을 알 수 있다. 차는 크게 여섯 가지 유형으로 나뉘며, 이는 주로 우린 찻물의 색과 일치한다. 각 유형의 차는 생산 지역, 제다 방법, 홍배 정도, 저장 후 발효 등 여러 가지 요소에서 영향을 받는다. 경험을 통해 우리는 차 우린 물의 색이 어떻게 달라지는지를 알게 된다. 그러나 한 가지 품질 조건은 변함이 없다. 즉, 탁하지 않게, 깨끗하고 맑게 우린 것이 좋은 차의 필수 조건이라는 점이다.

향

대부분의 경우 차의 매력과 개성은 아로마를 통해 드러난다. 훌륭한 차에는 매우 순수하고 신선한 향이 뒤따른다.

차의 향은 찻잔 테두리의 향, 찻잔 바닥의 향, 찻잔이 차가워졌을 때 남는 향으로 나눌 수 있다. 테두리의 향은 찻잔을 들었을 때 코로 가장 먼저 느껴지는 향을 말한다. 차를 마신 후 컵 바닥에 남는 향은 처음의 향과는 상당히 다르다. 품질이 좋은 차는 차가 식은 후에도 풍부한 향을 유지한다. 무이암차를 맛보고 찻잔 바닥의 차가운 향을 들이마시면 외딴 산골의 난초 향이 떠오른다.

맛

좋은 차는 맛을 보면 알 수 있다. 차를 한 모금 마시면 차와 우리의 미뢰 사이에 소용돌이치는 춤사위가 펼쳐진다. 단맛과 쓴맛 사이에도 미묘한 경계가 있다. 쓴맛이 단맛으로 바뀌면 이는 훌륭한 차다. 그러나 단맛이 쓴맛으로 바뀌면 그것은 좋지 못한 차라는 신호다.

차를 삼킨 후 차의 달콤한 뒷맛이 입안에 남아 침을 분비하게 만든다. 이를 후이윈(回韻, 뒷맛) 또는 후이간(回甘, 여운이 남는 단맛과 감칠맛)이라고 한다. 차가 좋을수록 후이간의 여운이 더 강력하고 오래 지속된다. 또한 몸 전체에 기의 흐름이 느껴지기 시작할 것이다.

초보자는 향을 쉽게 구별할 수 있지만 차의 풍미를 감상하기는 어렵다. 이는 식습관(예: 나트륨 또는 MSG를 많이 섭취하는) 또는 담배나 술과 같은 물질에 지속적으로 자극을 받는 생활 습관으로 인해 미뢰가 일반적으로 '잠들어 있거나' 둔해져 있기 때문이다. 차에 내재된 뉘앙스를 진정으로 감상하려면 깨끗한 식습관과 생활 방식을 통해 감각을 예민하게 회복시키려 노력해야 한다. 그 보상으로 차는 우리에게 연속적인 놀라움을 안겨줄 것이다.

감각을 예리하게 다듬기

차를 시음하며 우리의 오감을 깨울 수 있다. 간단히 말하면 차를 시음하는 것은 풍미를 찾는 일이다. 왜 우리는 맛을 찾고자 할까? 이는 우리의 미각 능력을 향상시키기 위한 소명이다. 차를 음미할 때 우리의 오감은 절묘한 경험을 만들어내기 위해 작동한다.

물이 끓는 소리에서 소나무 사이를 지나는 바람의 메아리를 듣는다. 말린 찻잎을 손으로 만져보면 찻잎이 잘 덖였는지 알 수 있다. 돌돌 말린 찻잎이나 빈티지 차의 광택을 보고, 우려낸 차의 색, 투명도, 점도의 차이도 관찰한다. 말린 찻잎과 우려낸 찻물의 향기를 맡고 나면 마침내 미각은 우리를 차의 산으로 전속력으로 데려다준다.

오감의 감수성은 하루아침에 길러지지 않는다. 차의 심오한 세계에 접근하는 것은 오직 마음을 다한 시음을 통해서만 가능하다.

물 끓이기의 3단계

서기 733년 당나라에서 태어난 위대한 차 명인이자 작가인 육우는 '차의 현자'로 알려져 있다. 그는 대표작인 『다경(茶經)』에서 차를 우리기 위해 물을 끓이는 과정을 이렇게 묘사했다. "물이 끓는 첫 번째 단계는 약간의 소리가 나면서 물고기 눈과 비슷한 모양이 생기고, 물이 끓는 두 번째 단계는 가장자리에 진주를 엮은 것 같은 거품이 생기며, 세 번째 단계는 거대한 파도처럼 주전자에 격렬하게 물거품이 일어난다. 세 번째 끓는 단계를 넘어서면 물이 너무 오래되어 마실 수 없는 것으로 본다."

송나라 학자 나대경은 훗날 이렇게 관찰하기도 했다. "물을 끓일 때는 눈으로 끓는 정도를 알기는 어렵다. 따라서 소리로만 끓음의 첫 번째, 두 번째, 세 번째 단계를 구분하면 된다."

차 시음 준비하기

- 시음하기 전에 입안이 깨끗한지 확인하라. 그렇지 않으면 맛을 정확하게 구분할 수가 없다. 혀가 차를 맛보고 풍미를 식별하기에 가장 좋은 온도는 40℃다.
- 차가 입에 들어가면 숨을 들이마시고 혀를 굴려보라. 이렇게 하면 타닌과 공기의 접촉을 늘릴 수 있다. 이 방법으로 차를 마시면 소리가 나기 때문에 우아해 보이지는 않는다. 하지만 이는 혀, 치아, 잇몸 등으로 액체를 분산시키는 유일한 방법이다.
- 즉시 삼키지 마라. 차가 입안에서 움직이면서 쓴맛, 떫은맛, 건조함, 단맛이 어떻게 번갈아 나타나는지를 관찰하자. 입안에서 차를 빙빙 돌리듯이 마시는 방법은 와인 시음과 비슷하다.
- 첨가물을 넣고 만든 차는 처음에는 매우 향기로운 냄새와 단맛이 난다. 하지만 혀에 닿은 후 1분 정도가 지나면 뒷맛이 떫게 변한다.
- 맛을 메모하고 나중에 참고할 수 있도록 기록해 두라. 전반적인 감각적 경험을 말로 표현해보도록 노력하라. 마음껏 상상력을 발휘하라. 하지만 티 소믈리에가 되고자 한다면 일반 대중이 공감할 수 있는 용어를 사용해 테이스팅 노트를 만드는 것이 도움이 될 것이다!

차를 어떻게 마실 것인가? 181

첫 향과 뒷맛

후각과 미각 중 하나를 선택해야 한다면 어떤 것을 선택하겠는가? 많은 이들이 나중에는 후각을 통해 맛을 느낀다는 사실을 깨닫지 못한 채 미각을 선택할 것이다. 좋은 후각은 모든 미식가에게 보이는 두드러진 특징이다.

후각을 통해 차를 온전히 즐기려면 먼저 마른 찻잎의 냄새부터 맡아보자. 찻잎에 코를 가까이 댄다. 처음에는 가볍게 숨을 들이마신 다음 숨이 찻잎과 닿지 않도록 주의하면서 숨을 내쉰다. 그런 다음 다시 한번 숨을 들이마시고 이번에는 깊게 들이마신다.

코가 즉각적으로 강한 향기를 감지한다면 이 차에는 향이 첨가되었을 가능성이 높다. 그렇지 않으면 찻잎을 우려내기도 전에 이 정도로 향이 날 가능성은 거의 없다.

찻주전자에서 찻잔으로 차를 따르면 향기가 퍼진다. 예민한 후각과 차에 대한 지식을 갖춘 사람이라면 이때쯤이면 차의 산 정상의 기운, 즉 테루아를 알아차릴 수 있을 것이다. 냄새를 더 잘 맡으려면 찻잔을 들어 향을 맡자.

숨을 깊게 들이마시면 차에서 기화된 향기를 모두 맡을 수 있다. 이 향은 비강을 통과해 냄새를 감지하는 민감한 부위에 도달한다. 이를 전비향이라고 한다.

차를 한 모금 마신 후 혀와 치아 주위로 차가 흐르도록 한다. 차를 입에 머금은 상태에서 콧구멍으로 숨을 내쉰다. 이렇게 하면 맛을 인지하는 후각인 후비향을 경험할 수 있다.

감칠맛: 차가 지닌 맛

다섯 가지 기본적인 맛은 신맛, 쓴맛, 짠맛, 단맛, 감칠맛이다. 좋은 차는 이 다섯 가지 맛을 모두 균형 있게 갖추고 있다. 만약 차에서 단맛만 나고 신맛이나 쓴맛이 전혀 느껴지지 않는다면 불완전하고 부자연스러운 차라 할 수 있다.

혀끝은 단맛에 가장 민감한가 하면 혀의 측면은 짠맛을 감지할 수 있다. 혀의 뿌리는 신맛과 쓴맛에 더 민감하다. 감칠맛은 글루탐산과 뉴클레오타이드가 유발하는 혀의 감각이다. 일반적으로 침을 분비시키며, 다른 모든 맛을 융합해 혀에 오래 지속되는 뒷맛을 말한다. 숙성된 치즈, 간장, 생선, 육류와 같은 음식에서 가장 뚜렷하게 이 맛을 느낄 수 있다.

감칠맛은 20세기 초 일본인이 발견하고 명명했지만, 중국에서는 오랫동안 같은 개념과 맛을 설명하기 위해 '간(甘)'이라는 용어를 사용해왔다. 간은 은은한 단맛이라는 의미도 담고 있다. 고대 중국에서 간은 '입안의 모든 맛이 균형을 이루어 하나가 되는 것'으로 여겨졌다. 실제로 간은 '입 구(口)'자와 그 안에 '한 일(一)'자로 구성되어 있다.

간은 매혹적인 향기나 감미로운 맛에 앞서 우리가 차에서 찾는 맛이다. 차를 한 모금 마시고 그 맛이 신맛에서 단맛으로, 쓴맛에서 그윽한 맛으로 바뀌고 혀 위에 머무르며 치아 사이로 침의 물결을 일으킬 때, 우리는 도(道)와 하나가 되는 순간에 가까워진다.

향의 범주

차의 향은 풍부하고 다채롭다. 차의 향은 꽃 향, 과일 향, 홍배 향, 이 세 가지 특성을 통해 가장 잘 분석할 수 있다.

- 꽃 향에는 난초, 치자, 진주 난초, 목련, 오스만투스, 장미, 재스민, 벚꽃 등이 있다. 여기서 말하는 향은 조향을 해 부여한 향이 아닌 차 고유의 아로마를 의미한다는 점에 유의하자.
- 과일 향에는 시트러스, 사과, 복숭아, 용안, 밤, 대추, 자두 등이 있다. 우리에게 익숙한 과일을 사용하면 공감을 불러일으키고 감상을 강화해 기억을 떠올리는 데 도움이 된다.
- 홍배 향에는 볶은 쌀, 숯, 떡, 캐러멜 향 등이 포함된다. 중발효 차는 홍배 향과 가장 밀접하다.

이 세 가지 범주를 사용하면 차를 시음할 때 아로마를 더 쉽게 구분할 수 있다. 여섯 가지 주요 차 종류에는 각각의 특징적인 향과 묘사어가 있는데, 티 소믈리에라면 이를 숙지할 필요가 있다. 또한 차는 식으면서 향이 변하기 때문에 차가 식는 단계에 따라 달라지는 향에 주목할 필요가 있다. 다양한 향의 요소를 구분할 수 있다면, 차에 대한 감상은 헤아릴 수 없을 정도로 깊어질 것이다.

구강 촉감: 차의 질감

향과 맛 이외에 우리가 차를 맛볼 때 접하게 되는 세 번째 측면은 차의 질감, 즉 '구강 촉감'이다. 차가 주는 구강 촉감의 특징은 무엇일까? 매끄럽거나, 부드럽거나, 타닌이 느껴지거나, 떫은맛이 있는가? 풀보디감이 있는가? 입안에서 미끄러지거나 혀와 치아를 감싸는 느낌인가? 차를 삼킨 후 목구멍에서는 무엇이 느껴지는가?

맛과 구강 촉감을 가장 잘 느끼려면 마시는 시점에서 우려낸 찻물의 온도가 지나치게 높지 않아야 한다. 너무 높으면 불편해질 수 있다. 차를 마시기에 적당한 온도는 약 40°C 정도로, 차를 우려낸 직후에 마시는 것이 풍미를 잃어버릴 가능성이 없어 가장 맛있다.

차의 질감은 차의 품질에 대해 많은 것을 말해준다. 좋은 차는 입안에 잔여물이 남지 않고 매끄럽다. 미각에 생기를 주고 입안이 바짝 마르는 느낌을 남기지 않는다. 이는 섬세한 백차를 마시든 풀보디감이 있는 무이육계를 마시든, 모든 차에 해당된다.

차를 평가할 때 향과 풍미에 비해 구강 촉감은 다소 간과되는 경향이 있다. 소비자로서 우리는 때때로 차의 포장, 우리가 구입한 차에 딸려오는 테이스팅 노트, 그리고 일반적으로 차에 얽힌 설화와 같은 외부적인 요소들 때문에 산만해질 수 있다. 이 모든 것을 넉넉하게 에누리해서 함께 받아들이자. 차의 진정한 메시지를 알아차리려면 자신의 오감이 가장 좋은 판별 기준이다.

평감배와 향시

차의 맛과 향은 어떻게 체계적으로 평가할 수 있을까? 몇 가지 유용한 도구들이 있다.

가장 손쉬운 방법은 평감배(評鑑杯)를 사용하는 것이다. 평감배의 용량은 약 120ml이며, 보통 3g의 찻잎을 3~5분간 우려낸 후 찻물을 그릇에 붓는다. 평감배의 색은 일반적으로 흰색이라 우려낸 찻물의 색상 왜곡을 최소화한다. 표준 파라미터를 사용하면 비교적 객관적인 방식으로 맛과 향을 분석할 수 있다. ISO 표준 평감배의 용량은 150ml로, 대엽종(예: 일부 보이차)이 완전히 펼쳐질 수 있을 만큼 충분히 크다.

평감배 외에도 문향배(聞香杯)도 중국 다구에서 가끔 볼 수 있다. 문향배는 일반 찻잔을 본떠서 만들었지만, 차의 향을 농축하는 역할을 하기 위해 긴 원통형으로 만들어졌다. 차를 우려낸 후 먼저 '공도배(公道杯)'에 붓고, 이후 문향배에 나누어 담아 향을 맡는다. 마지막으로 차를 마시는 잔에 붓는다. 문향배는 매우 전문적으로 보이지만 재료나 유약이 부적절하면 차의 향이 정확하게 전달되지 않을 수도 있다. 사실 차를 마시는 찻잔만으로도 차의 향을 감상하고 평가하기에 충분하다.

또 다른 차 시음 도구로는 향시(香匙)가 있다. 이 도구는 표면 장력을 극대화하도록 설계되었으며 특수 유약으로 구워졌다. 차를 우린 후 숟가락을 우린 찻물에 넣고 두세 번 휘저은 다음 꺼낸다. 차의 아로마가 숟가락의 볼록한 면에 '달라붙어' 다양한 차원의 차 향을 즉각적으로 코로 감지할 수 있다. 향시가 있으면 문향배는 필요 없다. 대규모 시음회에서는 오염을 방지하기 위해 향시를 돌려가며 시음자가 잔과 직접 접촉하지 않고도 차의 향을 맡을 수 있도록 한다.

차를 어떻게 마실 것인가? 187

차의 화학적 성분

차를 한 모금 마시고 입안에서 음미할 때 우리가 느끼는 떫은맛, 쓴맛, 상큼함, 단맛은 사실 차에 함유된 다양한 화학 성분들에 해당된다. 여기에는 폴리페놀, 카페인, 아미노산, 질소 화합물, 비타민, 무기질 등이 포함된다.

티 폴리페놀

차에 함유된 폴리페놀은 티 타닌이라고도 한다. 와인과 마찬가지로 타닌은 차의 주요 성분이다. 타닌의 떫은맛과 쓴맛은 올바른 저장소에서 차를 숙성시키는 등 적절한 조건이 갖추어지면 단맛으로 바뀔 수 있다. 폴리페놀은 건조 차 무게의 30%를 차지한다. 총 폴리페놀 함량의 약 40~50%는 차를 우리는 동안 용해된다. 차의 폴리페놀 중 카테킨이 가장 중요하며 전체 폴리페놀 함량의 75~80%를 차지한다. 고산 우롱차는 상대적으로 카테킨 함량이 낮기 때문에 해발 고도가 낮은 곳에서 자란 우롱차보다 맛이 더 부드럽다.

산화 과정에서 카테킨은 테아루비긴과 테아플라빈, 기타 산화중합체로 전환된다. 우려낸 찻물을 살펴보면 점진적인 산화로 인해 색이 붉은색에서 갈색으로 변한다. 우린 홍차를 상온에서 식히면 약간 혼탁해진다. 혼탁도는 테아루비긴이 충분한 양으로 존재한다는 것을 의미하므로 걱정할 필요는 없다.

카페인

카페인은 쓴맛을 내는 성분으로 차 맛에 포함되는 성분이다. 카페인은 각성 효과가 있지만 커피보다는 차가 더 안정적인 것으로 보인다. 과거 사원에서는 승려들이 차를 먹고 마시는 것이 명상 중 마음과 감각을 연마하는 데 도움이 되었다. 숙성된 차는 폴리페놀과 카페인 함량이 약해져 맛이 더 그윽해지는데, 이는 우리 몸이 느끼는 평온함과 이완감을 설명해준다.

단백질과 유리 아미노산

차의 단백질 함량은 약 15%이며 주로 알칼리성 단백질이다. 건조 차 무게의 약 1~2%를 차지하는 유리 아미노산은 주로 글루탐산염과 테아닌으로, 테오갈린 또는 약한 갈산과 결합되어 맛을 향상시키는 분자로 작용한다. 이 두 가지 성분은 미뢰에 감칠맛을 유발해 구수하고 달콤한 뒷맛으로 표현된다.

탄수화물

자당, 과당, 포도당은 건조 차 무게의 약 4%를 차지한다. 여기에는 용해성 환원당과 자당, 불용성 전분,

셀룰로오스, 글리코시드 등이 포함되어 있으며 다른 화합물과 결합되어 있다. 이 중 환원당은 차의 단맛을 담당하는 주요 물질이다. 홍배를 하는 동안 차에 있는 유리 아미노산, 환원당, 자당은 마이야르 반응과 캐러멜화를 일으키며, 이는 홍배된 차의 독특한 향과 우려낸 차 색깔의 열쇠를 쥐고 있다.

비타민과 미네랄

많은 연구 보고서에서 차의 항산화 능력과 이와 관련해 우리 신체에 미치는 이점에 대해 강조해왔다. 또한 차에는 칼륨, 칼슘, 마그네슘과 같은 미량 원소들이 함유되어 있어 차를 마시는 많은 사람이 차와 건강에 관한 주제를 다룰 때 이를 즐겨 이야기한다.

아로마

실험 결과에 따르면 찻잎과 찻물에는 약 600종의 향을 내는 휘발성 화합물이 존재한다. 주요 성분은 알코올, 알데히드, 케톤, 에스테르, 그리고 질소 함유 화합물 등이다. 녹차의 아로마는 주로 고온에서 살청을 할 때 생성되는 알코올과 산성 물질에서 만들어진다. 홍차의 향은 주로 알데히드에서 기인한다.

차의 화학 성분을 분석하면 차의 구성에 대해 자세히 파악할 수 있고 과학적인 관점에서 차의 관능적 속성에 대해 논의할 수 있다. 차가 어떻게 '작용'하는지를 이해하면 좋은 차를 선택하고, 차의 뉘앙스를 감상하며, 음식과 페어링할 수 있는 더 체계적인 토대를 마련할 수 있다.

6대 다류의 개별 특징

녹차

벽라춘의 맛을 예로 들면, 이 차의 향은 복숭아의 달콤함이 가득한데 이는 여유로운 마음의 동반자가 되어줄 섬세하고 오래 지속되는 풍미와 함께 어우러진다.

　한편 용정은 신록이 우거진 강남차구의 풍경이 떠오른다. 에메랄드빛 잎에서 싱싱한 풀의 향기가 뿜어져 나온다. 뒷맛의 매력은 무지개처럼 찰나와 같다. 고민이 있거나 짜증이 날 때 용정 한 모금이 달래주지 못할 것은 아무것도 없다.

백차

백호은침은 은빛 광택이 도는 보송보송한 솜털로 덮여 있으며 고요함을 품고 있다. 섬세하면서도 통통한 잎에서 뿜어져 나오는 순수하고 그윽한 향기는 깊은 생각에 잠긴 이들에게는 영감의 원천이 되어주고, 한여름에는 열기를 내려주는 역할을 한다. 최근에는 숙성 백차가 건강 보조 식품으로도 인기를 끌고 있다.

황차

황차 중에는 황금빛 녹색을 띤 황산모봉이 있다. 그 맛은 녹색에서 노란색으로 익기 직전의 바나나와 비슷하며, 단맛과 함께 약간의 떫은맛이 느껴진다. 그러나 그 향은 잘 익은 바나나처럼 꿀같이 달콤하다. 사랑에 빠진 사람들이 서로 밀어를 나눌 때 마시기 좋은 음료다.

우롱차

- 포종 우롱은 꽃 향, 과일 향, 관능적인 듯한 매력을 지니고 있다. 낙관적이고 역동적인 성향을 지닌 사람이라면 이러한 유형의 차에 공감할 수 있을 것인데, 우려낸 찻물에서 느껴지는 독특한 아로마와 산뜻함이 젊은 활력과 무한한 잠재력을 반영하기 때문이다.
- 금훤 우롱은 대만의 구아바와 비슷한 독보적인 향을 자랑한다. 맛이라는 면에서는 차와 과일 모두 그윽한 우유 같은 느낌을 준다. 금훤은 빠르게 변화하는 삶을 사는 성격이 밝은 사람들에게 잘 어울린다.
- 동정 우롱은 꿀이 들어간 사과 향이 매우 강하게 난다. 그 달콤함은 삶의 어려움을 항상 웃는 얼굴로 맞이하는 친구처럼 우리의 미뢰에 스며든다. 동정은 특히 대만과 일본에서 인기가 높다.
- 아리산 우롱은 자바 사과의 온화하면서도 우아한 특징에 빗댈 수 있다. 고산 우롱차는 차 애호가들의 영원한 사랑을 받고 있으며, 창의적인 영혼들에게 창조적 영감의 원천이다.
- 백계관은 무이산에서 생산된다. 외관 면에서는

주름진 멜론 껍질과 비슷하게 생겼지만 놀랍도록 깊은 풍미를 지니고 있어 마치 기술을 숨기고 있지만 한 번의 동작으로 우리의 미뢰를 자극하기에 충분한 무술 격투가를 상기시킨다.

- 철라한은 역시 무이산맥에서 생산되며 독특한 이끼 향을 풍긴다. 차가 처음 목구멍에 닿았을 때 느껴지는 약간 꺼끌꺼끌한 느낌과 뒷맛의 물결 같은 변화는 이 차를 잊을 수 없게 만들어준다.
- 안계철관음은 매력적인 개성을 지닌 홍배 우롱차로, 설탕에 조린 대추를 연상시키는 뒷맛을 남긴다. 은은한 단맛이 있어 특히 민감한 유형의 사람들에게 매력적으로 다가간다.
- 한편 목책철관음은 과일인 용안과 탁탁 소리를 내는 숯불을 연상시킨다. 집에서 멀리 떠나온 여행자에게 이 우롱은 편안함과 따뜻함을 선사한다.

보이차

생보이차는 햇살을 머금은 젊음처럼 활력이 넘친다. 황금빛 잭프루트처럼 맛은 달콤하지만 결코 질리지는 않는다. 절대 타협하지 않고 새로운 희망으로 매일을 맞이하는 사람처럼 한 모금 마실 때마다 새로운 시작을 느낄 수 있다.

숙성 보이차는 파인애플과 비슷한 독특한 신맛과 함께 숙성된 그윽한 맛으로 유명하며, 우려낸 찻물

을 천천히 음미하면 이 두 맛 모두 입안에서 매력적인 단맛으로 변한다. 실제로 이 차는 수줍음이 많은 사람들에게 잘 어울리며 이들에게 자신감을 불어넣어준다.

홍차

홍차는 개성이 매우 다양하다. 소나무를 그을린 향이 나는 정산소종, 다크 초콜릿 향이 나는 기문, 묵직한 무스카텔 포도 향이 나는 다즐링… 이 외에도 많은 홍차가 시도해볼 가치가 있다. 자신의 입맛에 맞는 차를 찾으려면 먼저 익숙한 차부터 시작해 시간을 들여 마셔본 후 관련된 다양한 차를 마셔보면서 비교의 기초를 마련하는 것이 좋다.

차 우리기

차가 지닌 최고의 품질을 끌어내려면 어떻게 차를 우려야 할까? 차를 우리는 것은 간단해 보이는 작업이다. 물이 끓으면 찻잎 위에 붓고 몇 분 기다렸다가 마시면 된다. 이것이 차를 우리는 방법의 전부일까? 이 단순해 보이는 단계 뒤에는 평생에 걸쳐 배워야 할 지식이 숨어 있다. 이 섹션에서는 특히 티 소믈리에가 차를 만드는 데 있어 갖추어야 할 조건에 초점을 맞추고자 한다.

첫 번째 조건은 당연히 올바른 차를 선택하는 것이다. 티 소믈리에가 구한 차는 원하는 차의 맛뿐만 아니라, 음식의 특성과도 밀접한 관련이 있어야 한다. 이 책의 3장부터 6장까지는 다양한 종류의 차를 특징별로 설명하고, 품질을 판단할 때 주의해야 할 점에 대해 논의한다.

그리고 우려낸 찻물의 품질은 사용하는 물의 품질에 직접적인 영향을 받는다. 명나라 시대에 이미 물은 '차의 어머니'로 인식되었다. 물의 경도는 차의 단맛에 영향을 미치므로 이에 따라 실험하고 매개변수를 변경해야 한다. 병에 든 생수를 사용한다면 브랜드마다 칼슘과 나트륨 함량이 다르다는 점에 유의하자. 정수기에서 정수된 물도 때때로 맛이 다를 수 있다.

점토 주전자는 중국 차를 우려내는 전통적인 용기다. 예를 들어, 이싱 점토로 만든 주전자는 탁월한 차를 우려낼 수 있는 것으로 유명하다. 도자기 종류에 따라 우려내는 차의 종류도 달라질 수 있다. 티 페어링을 제공하는 일부 대형 레스토랑들에서는 자체적으로 다기를 디자인하고 개발하는 것으로 알려져 있지만, 안타깝게도 점토에 대해 충분히 이해하지 못한 경우가 많다. 이러한 용기는 보기에는 매력적이지만, 정작 우려낸 차는 전혀 만족스럽지 못하다.

도자기 뚜껑이 달린 컵, 즉 개완도 차를 우려내는 용기로 훌륭하다. 일반적인 3종 세트에는 컵, 뚜껑, 받침이 포함된다. 차오저우 사람들은 종종 개완에 차를 우려낸 다음 달걀 껍데기처럼 얇은 작은 컵

에 부어 마시는 것을 좋아한다. 개완을 사용하려면 기술과 기교가 필요하다. 손잡이가 없기 때문에 주전자를 집거나 우려낸 찻물을 따를 때 손가락에 화상을 입지 않도록 주의해야 한다.

금, 은, 구리 등의 금속 다기는 시각적으로 매우 아름다우며 차를 우릴 때도 사용할 수 있다. 하지만 적합한 차와 함께 사용하려면 조금 더 주의를 기울여야 한다. 경험상 이러한 다기들은 가볍게 발효된 차와 가장 잘 어울린다.

적당한 찻잎의 양은 얼마일까? 찻주전자나 개완으로 우려낼 때는 찻잎을 주전자나 컵의 바닥을 덮을 정도로만 넣는다. 띠 형태로 된 찻잎은 약간 두껍게 넣어도 되지만, 공 모양 찻잎은 우려낼 때 찻잎이 급격히 팽창하므로 한 층을 넘지 않게 얇게 깔아야 한다. 찻잎이 펼쳐질 수 있는 공간을 주면 찻잎이 잠재력을 최대한 발휘할 수 있다.

물은 금방 끓여야 하며, 녹차를 우릴 때조차도 너무 많이 식히지 않아야 한다. 우려내는 시간은 개인적인 기호뿐만 아니라 여러 가지 요인에 따라 달라진다. 하지만 기본적인 원칙은 찻잎이 물을 골고루 흡수할 수 있도록 충분한 시간 동안 우려야 한다는 점이다. 처음에는 타이머를 사용해 우리는 시간을 실험해볼 수도 있지만, 눈과 코로 판단하는 방법도 익히도록 하자. 숙련된 티 소믈리에는 냄새만 맡아도 차가 잘 우러났는지를 알 수 있다.

마지막으로, 제대로 된 찻잔은 차의 맛에 큰 차이

를 만들어낸다. 테두리가 좁은 찻잔은 차의 향을 강조할 수 있다. 몸통이 큰 컵은 차의 풍미를 더 잘 농축하고 차의 뒷맛을 더 많이 끌어낼 수 있다. 각기 다른 컵은 각기 다른 풍미의 특성에 맞게 사용하는데, 이는 티 소믈리에의 전문성이 차의 풍미를 향상시킬 수 있는 영역이기도 하다.

찻잔의 필수 요소

건축가 한파오테(漢寶德)는 '아름다움은 찻잔에서 시작된다'라고 말한 바 있다. 그런데 왜 그럴까? 아름다움은 서양 예술과 중국 회화의 장구한 역사에서 비롯된 것이 아닐까? 왜 찻잔일까?

아름다움에 대한 가장 단순한 경험은 사실 우리가 매일 사용하고 가까이에 두는 물건에서 시작된다. 따라서 어떤 찻잔을 선택하느냐에 따라 삶의 질에 대한 우리의 태도가 달라진다. 찻잔을 사용할 때 찻잔은 하나의 예술 작품이 될 수 있다. 우리는 찻잔의 형태와 재질, 유약을 감상하고, 흙과 도공의 기술, 심지어 어떤 가마에서 구웠는지까지 탐구한다. 잔과 차 사이에 대화가 이루어지는 것이다.

백자 찻잔은 특히 우롱차와 녹차 등 차를 마시기에 가장 적합하다. 흰색 바탕이 찻물을 본연의 색으로 감상할 수 있게 해주기 때문이다. 고화도 자기(1,300℃ 이상)는 두드리면 선명하고 울리는 소리가 나며 차의 아로마를 더욱 향상시킨다. 반면 저화도 도기(약 1,200℃)는 숙성된 차에 더 적합하다.

공부차의 길

일본의 저어 마시는 다도에서부터 영국의 애프터눈 티에 이르기까지, 전 세계에는 다양한 차 마시는 전통이 있다. 중국 문화권에서 가장 잘 알려진 방법은 공부차로 알려져 있다.

'공부차(功夫茶)'라는 용어에는 두 가지 의미가 있다. 첫 번째 의미에서 공부는 시간과 기술을 의미한다. 즉, 차는 좋은 차를 만들기 위한 지식과 기술뿐만 아니라 천천히 우려내고 마실 수 있는 여유로운 시간이 필요하다는 뜻이다.

두 번째 의미의 공부는 차오저우 지역에서 전해 내려오는 차를 마시는 방법을 의미한다. 18세기 후반에 쓰인 청나라 작가 유교의 수필 『조가풍월기(潮嘉風月記)』는 공부차에 대한 최초의 기록으로, 공부차라는 명칭의 근거가 되었다.

차오저우 공부차의 '네 가지 보물'은 주니(주홍색 점토) 차호, 현지의 붉은 점토로 만든 숯 화로, 물을 끓이는 냄비, 작은 도자기 찻잔이다. 네 가지 도구는 모두 서로 연결되어 있다. 숯을 데우고, 물을 끓이고, 찻잔을 헹구고, 차를 고르게 분배하는 방법 등을 익혀야 한다. 이러한 요소들이 모여 아름다운 의식을 완성한다.

공부차는 중국 전역에서 차를 마시는 문화에 큰

영향을 미쳤다. 나는 이런 공부차를 식사와 결합하면 어떨까 하는 생각이 들었다. 수 세기에 걸쳐 전해 내려온 지식을 활용한다는 것은 거인의 어깨 위에 서는 것과 같다. 식탁에서 공부차 의식을 어떻게 진행할 수 있을까? 식탁 위에서 차를 끓여야 할까, 아니면 옆에서 끓여야 할까? 아니면 손님이 직접 차를 우려내는 과정에 참여해 자신만의 페어링을 만들 수 있도록 해야 할까? 여기 티 소믈리에가 탐구할 수 있는 또 다른 흥미로운 기회가 기다리고 있다.

숙성을 위한 차의 보관

차를 보관할 때는 여섯 가지 주요 차의 특성을 신중하게 고려해야 한다. 각 차가 지닌 숙성 잠재력을 살펴보자.

강점
- 흑차: 지속적인 발효
- 우롱차: 주기적으로 다시 홍배 가능
- 홍차: 완전 발효, 높은 안정성
- 녹차: '숙성된 신선함'의 발현
- 황차와 백차: 오래 지속되는 신선함

약점
- 냄새 흡수
- 습기 저항력이 약함
- 흩어지는 형태
- 우릴 때 탁함
- 시간이 지날수록 사라지는 향과 맛

기회
- 지속적인 발효
- 홍배의 보완 효과
- 후발효의 이점
- 차 성분의 당질 전환
- 더 그윽해지는 타닌

위협
- 찻잎의 품질
- 보관 용기의 재질
- 보관 공간
- 습도
- 일광 노출

흑차는 다른 종류의 차들에 비해 가장 잠재력이 크다. 지속적인 후발효는 숙성 잠재력이 상당하고, 이에 따라 시장 인지도가 올라가므로 경매장에서 여러 가지 기록을 경신하기도 한다. 홍배의 도움으로 우롱차도 숙성 잠재력과 가치 상승 잠재력이 높다.

한편, 녹차와 백차는 시간이 지날수록 품질이 떨어지기 때문에 가능한 한 신선하게 마셔야 한다는 통념이 있어, 일반적으로 숙성에 적합하지 않다고 여겨진다. 사실 이러한 품질 저하의 원인은 시간 그 자체가 아니라 습기다.

녹차를 보관할 때 어려움은 녹차의 윤기 나는 녹색 표면과 선명한 향기, 순수하고 신선한 맛을 보존하는 데 있다. 그래서 핵심은 찻잎에 수분이 닿지 않도록 하는 것이다.

녹차를 구입할 경우, 찻잎을 건조하고 신선하게 유지하기 위해 포장에 건조제가 들어 있는 경우가 많다. 하지만 건조제는 포장을 밀봉했을 때만 효과적으로 작동하기 때문에, 차가 무한정 신선하게 유지되는 것은 아니다. 포장을 개봉하면 건조제는 공기와 접촉해 그 기능을 잃고, 남은 찻잎과 함께 건조제를 다시 넣으면 찻잎의 산화만 가속화시킬 뿐이다! 이러한 이유로 포장을 개봉한 후 건조제를 제거하는 것이 녹차를 보존하는 첫 번째 단계다.

차 판매자에게 조언을 구하고 녹차를 냉장실에 넣어두면 더 오래 신선하게 보관할 수 있다. 또는 냉장 시설은 없었지만 녹차를 최상의 상태로 보관하는 방

법을 알고 있었던 옛 차 수집가들의 흉내를 내볼 수도 있다. 명나라의 허차서(1549~1604년)는 『다소(茶疏)』(차에 대한 해설서)에서 이렇게 말한 바 있다. "도자기 항아리는 차를 보관하는 데 적합하다. 항아리는 용량이 커서 1~20캐티[4]의 차를 담을 수 있다. 항아리의 벽면은 사방이 두꺼워야 한다. 차는 가운데에 보관해야 하며 건조하고 신선한 상태를 유지해야 한다."

백차를 보관할 때도 같은 원칙이 적용된다. 사실 백차는 녹차보다 수분에 훨씬 더 민감하다. 백차는 생산 과정에서 살청이나 유념 과정을 거치지 않기 때문에 흩어진 모양으로 건조되는 찻잎은 수분을 매우 쉽게 흡수한다. 이렇게 되면 은백색 잎이 금방 회색으로 변하고 우려낸 찻물의 색이 밝은 노란색에서 어둡게 변한다. 차 본연의 신선한 향이 사라지고 그 은은한 단맛이 지나치게 익어버린다. 따라서 백차를 장기간 보관할 때는 습기를 차단하는 것이 최우선이다.

---

[4] cattie: 중국이나 동남아시아의 중량 단위로 1캐티는 약 600g.-옮긴이

6
특색차와 페어링

특색차란 무엇인가?

수천 종은 아니더라도 수백 종 이상의 차가 시중에 판매되고 있는 가운데 특색차(Signature Tea)를 어떻게 정의할 수 있을까?

차의 맛에 중요한 역할을 하는 두 가지 요소는 차가 만들어진 원산지와 차의 품종이다. 기후는 최종 차 제품에서 나타나는 특성이기 때문에, 현지 기후를 가장 잘 반영하는 종류의 차를 선택한다(원산지를 기준으로). 현지 테루아에서 잘 자랄 수 있는 종류의 차(품종에 기반해)를 선택하는 것도 마찬가지다.

이 장에 소개되는 차들은 각 지역과 품종을 대표하는 예라 할 수 있다.

고산차 중에서는 대우령과 리산차가 가장 대표적이다. 차 품종 측면에서는 포모산 청신과 금훤, 푸젠성 북부의 무이차, 푸젠성 남부의 철관음 등을 살펴보자. 6대 주요 다류 중 반발효 청차만 해도 발효 정도와 홍배 정도에 따라 다양한 풍미와 특성이 있다. 이렇게 다양한 차 중에서 소비자와 애호가들에게 가장 큰 호평을 받은 차들을 특색차로 꼽는다.

자신의 입맛에 맞는 몇몇 차를 찾는 것은 수십 종의 차를 시음하는 것보다 훨씬 어렵다. 이 장에서는 경험을 통해 직접 찾아낸, 차의 가장 좋은 점을 표현할 뿐만 아니라 음식과의 페어링에서 잠재력이 큰 특색차들을 살펴보자. 각 차의 역사적·문화적 맥락을 이해하면 차를 더욱 깊게 즐길 수 있다. 진지한 티 소믈리에에게 이러한 지식은 전문성의 토대며 창의성을 발휘할 수 있는 발판이 될 것이다. 이 책이 미식 탐험과 즐거움의 새로운 차원을 여는 데 영감이 되길 바란다.

용정차의 생명의 춤

항저우 시후 지역에서 생산되는 룽징(용정)의 녹차는 섬세한 봉오리 하나와 잎 두 개를 원료로 사용해 차를 완성한다. 솥에 덖은 잎은 녹색이고 평평하며 매끈하다. 우려낸 찻물은 선명한 녹색을 띠며 독특한 향과 단맛이 난다. 용정은 사자(석봉), 구름(오운산), 호랑이(호포), 매화(매가오)와 같은 다양한 생산지의 이름을 따서 명명되었다. 그중에서도 석봉용정이 가장 권위가 있으며, 시중에서 판매되는 용정에는 고객을 유인하기 위한 일환으로 '석봉' 또는 '사자봉'이라는 이름을 붙이는 경우가 많다.

용정차를 채엽할 때 가장 중요한 특징은 일찍 따는 것이다. 현지의 차 생산자들 사이에는 '3일 일찍 수확하면 보물이고, 3일 늦게 수확하면 그저 풀에 불과하다'는 말이 있다. 최고 품질의 용정차는 청명절 이전에 수확하며, 이를 명전차라고 한다. 곡우 전에 수확한 차의 품질도 좋으며, 이를 우전차라고 한다. 곡우 이후에 딴 잎은 이미 오래되어 차를 만드는 데 적합하지 않다(수확 시기에 대한 자세한 내용은 3장의 '차 달력'을 참조하자).

많은 사람이 용정차를 우릴 때 물의 온도가 낮아야 한다(80~90℃)고 잘못 알고 있다. 사실 용정의 아로마와 맛을 온전히 표현하려면 물의 온도는 100℃가 되어야 한다. 우릴 때는 찻잎에 직접적인 충격을 주지 않고 끓는 물이 컵의 벽을 따라 천천히 흘러내리도록 해야 한다. 이는 섬세한 용정 찻잎이 손상되는 것을 방지하기 위함이다.

용정차는 일반적으로 시각적인 즐거움도 매우 중요해 유리 용기에 우려내어 에메랄드빛 찻잎 색이 눈앞에 펼쳐지도록 한다. 용정은 다양한 개성을 지니고 있어, 기분 좋은 고요함, 예리하고 선명한 느낌, 또는 오묘한 매력을 발산하는 음료로 인식되기도 한다. 한 모금 마실 때마다 다양한 종류의 고요함과 명

상을 불러일으키기 때문에 각계각층의 사람들은 이 섬세한 차를 저마다 다른 방식으로 체험한다.

푸드 페어링

용정차는 생선회와 같은 날 해산물에 어울리는 신선한 해초의 풍미를 지니고 있어, 바다의 신선한 단맛을 (와사비가 과하게 사용되었을 때처럼) 압도하지 않고 살려준다. 용정과 잿방어 뱃살 회를 함께 곁들이면 훌륭한 선택이다. 먼저 차를 한 모금 마신 후 절반은 삼키고 나머지는 생선을 한입 베어 물 때까지 입안에 머금고 있는다. 생선의 단맛이 퍼지고 식감은 녹을 듯이 부드러워진다.

용정은 해산물을 이용한 다양한 애피타이저와도 잘 어울린다. 샴페인과 마찬가지로 해산물에 탱글탱글한 식감을 더한다. 예를 들어, 랍스터 소스를 뿌린 새우나 캐비아와 샴페인 소스를 곁들인 가리비, 베이비 시금치를 곁들인 소프트쉘 크랩과 함께 마셔보자.

벽라춘: 봄의 깨어남

벽라춘은 장쑤성 둥산에서 생산되며 청나라 때부터 명성을 누려왔다. 강렬한 아로마 때문에 이 차는 한때 '공포의 향기'로 알려지기도 했다. 강희제(1661~1722년 재위) 황제가 황실에서 사용하도록 선택한 후 벽라춘으로 이름이 바뀌었다. 황제에게 공물로 바쳐지거나 황실에서 사용했던 차는 고귀한 느낌이 계속 남아 있다. 그래서 소비자들은 이를 품질 보증으로 여기고, 결국 이러한 차들의 가격이 천정부지로 치솟기도 한다.

가장 유명한 벽라춘 차 농장은 그림 같은 타이후 호수 주변에 위치한 곳이다. 이곳의 차나무는 살구나무와 복숭아나무와 함께 심겨 있으며, 과일이 익어가는 시기가 차 수확 시기와 일치한다. 찻잎은 과일 향을 품고 있으며, 이는 벽라춘의 아로마에서 감지할 수 있다. 벽라춘을 말린 잎은 나선형이다. 색, 향, 맛의 신선함, '섬세한 잎 하나에 세 가지 유형의 신선함'이 담겨 있는 것으로 묘사된다. 벽라춘을 우려내면 향이 풍부하고 맛은 달콤하다.

벽라춘 차를 감상하기 가장 좋은 시기는 청명절 전 봄이다. 이때 마시면 마치 방금 딴 듯한 신선함을 경험할 수 있다. 벽라춘 차 1캐티에는 5만 개에 달하는 신선하고 부드러운 새싹이 들어 있으며, 퍼스트 플러시의 생기를 담기 위해 신중하게 선별한다.

벽라춘 찻잎을 살청하는 과정에서 고르지 않게 가공되거나 청명 이후에 수확한 찻잎은 떫은맛이 나는 경향이 있다. 이는 찻잎이 지나치게 오래되었기 때문이다. 그렇지만 일부 차 애호가들은 이러한 독특한 풍미 특성, 즉 쓴맛이 입안에서 단맛으로 변하는 것을 즐기기도 한다.

푸드 페어링

벽라춘은 파와 함께 팬에 볶은 두부 요리와 같이 고기를 넣지 않은 섬세한 요리와 함께 곁들이면, 달콤한 향이 더해져 가장 단순한 식사를 오감의 향연으로 바꾸어준다. 알팔파 새싹이나 콩나물은 그냥 먹으면 풋내가 많이 나기 때문에 이 맛을 가리기 위해 강한 드레싱을 곁들여 조리하는 경우가 많다. 이렇게 조리하는 대신 벽라춘 차와 함께 먹으면 풋내를 단맛으로 바꿀 수 있다. 보디감이 가벼운 화이트 와인과 잘 어울리는 해산물 요리도 벽라춘의 좋은 파트너다. 민물새우 볶음과 페어링하면 더욱 바삭해지고, 단맛을 느낄 수 있다.

경산 녹차: 과거와 현재

저장성 징산(径山)에서 생산되는 이 녹차는 역사적으로 유명하다. 당나라 시대 징산사의 창건자인 법흠(714~792) 선사와 함께 제다가 시작된 징산은 오랜 역사를 지녔다. 송나라 시대부터 불교의 전파로 징산사가 일본과 접촉했고, 이 시기에 경산차(径山茶)가 일본인들에게 널리 알려졌다. 다음과 같은 현지 기록도 발견되었다.

"법흠 스님은 부처님께 공양하기 위해 차나무 몇 그루를 심고 찻잎을 수확했다. 수년에 걸쳐 이 차나무는 번식해 계곡 전체에 퍼져 나갔다. 차의 신선한 맛과 향에 반해 다른 사람들도 그 뒤를 이어 같은 차를 생산하기 시작했고, 이것이 경산차의 탄생으로 이어졌다. 징산의 차 생산지에는 시비우(西壁塢)와 리샨우(里山塢)가 있다. 그중에서도 구하기 힘든 고품질의 제품이 링샤오봉(凌霄峰)에서 많이 생산되었다. 시비우에서 생산된 차는 색이 옅고 뒷맛이 오래 남는 반면, 리샨우에서 생산된 차는 색이 옅고 맛이 떨어진다."

오늘날 경산차 제다법은 한때 사라졌던 전통 경산 선차 장인 정신을 되살렸다. 차 채엽 기술은 매우 정교하며 부드러운 새싹을 일찍 따는 데 중점을 둔다. 최고의 경산차는 4월 중순의 곡우 절기가 시작되기 전에 수확하며, 수확 기준은 1아1엽 또는 1아2엽이다. 1kg의 경산차를 만들려면 약 6만 2천 장의 잎 눈과 잎이 필요하다.

경산차는 새싹의 끝이 드러나는 잎이 가느다란 홍배 녹차다. 잎은 가볍고 향긋한 냄새가 난다. 우려낸 차는 밝고 부드러운 녹색을 띠며 신선하고 부드러운 맛이 난다. 이 차는 여러 번 우려도 여전히 좋은 맛을 낼 수 있다.

푸드 페어링

경산차는 일본 전통 디저트와 환상적인 조화를 이룬다. 찹쌀떡, 팥앙금, 딸기가 차와 함께 어우러져 조화로운 세 가지 맛을 내는 딸기찹쌀떡과 함께 페어링 해보라. 우아하게 가벼운 경산차는 (싱가포르와 말레이시아의 달콤하고 짭짤한 디저트인) 뇨냐 쿠에 또는 베트남의 신선한 스프링 롤과 같은 동남아시아 핑거 푸드와도 궁합이 아주 좋다.

리산: 타의 추종을 불허하는 신선함

대만 중부 고원지대에서 생산되는 리산차는 고산 우롱차의 선두주자다. 해발 2,000m 이상의 고지대에서 생산된 최초의 이 대만 차는 바로 이곳 화강 마을에서 만들어졌다.

리산 지역의 고도는 해발 1,600~2,600m다. 차 외에도 복숭아, 배, 사과, 감, 양배추, 배추, 마늘종 등 과일과 채소 농산물로 잘 알려져 있다. 리산은 말 그대로 '배의 산'이라는 뜻이다.

리산의 차 농장은 약 48헥타르의 면적을 차지하며 화강(華岡), 추이롼, 추이펑, 자양(佳陽)의 생산 지역을 아우른다. 찻잎은 일 년에 두 번만 채엽한다. 봄철 채엽은 5월 말에서 6월 초에 이루어지는데, 이때는 이미 저지대 차밭에서는 여름 차를 수확하고 있는 시기다. 겨울철 채엽은 8월 말에서 9월 초에 이루어지며, 이때는 저지대가 가을 차에서 겨울 차로 전환하는 시기다.

리산차는 과수원을 연상시키는 독특한 과일 향이 나는데, 다른 곳의 차 농장에서는 이를 모방하기 위해 많은 노력을 기울여 왔지만 성공하지는 못했다. 옅은 노란색을 띠는 찻물은 믿을 수 없을 정도로 깊은 풍미가 느껴진다. 특히 해발 2,000m 이상의 고지대에서 생산되는 이 차는 일반적인 과일 향과 꽃 향이 아닌 수수께끼 같은 향을 낸다. 여운이 남는 뒷맛에서는 차 농장을 둘러싸고 있는 장엄한 침엽수림의 모습이 살짝 엿보인다.

푸드 페어링

리산차는 그 섬세한 향과 과일의 단맛으로 인해 일식, 데친 닭고기 요리, 배추찜, 저장성 새우볶음, 생선찜, 프랑스 전통 요리인 솔 뫼니에르 등 맛이 가벼운 음식과 페어링할 때 가장 먼저 선택되는 차종이다.

대우령: 산봉우리의 맛

대만의 고산차 중에서도 대우령(大禹嶺)은 독보적인 지위를 누리고 있다. 이 차의 재배지는 해발 2,000m에 자리 잡고 있다. 중부 횡관 공로를 타고 리산 방향으로 달리다 보면 104k, 103k, 101k, 100k, 99k, 95k, 93,k 88k… 표시 지점을 지나게 되는데, 이 20km가 채 되지 않는 이 짧은 구간에서는 모두 같은 청신 우롱 품종이 재배되지만 테루아의 미묘한 차이로 인해 차의 성격이 구간마다 달라지는 것을 볼 수 있다. 고도가 높을수록 찻잎이 두꺼워지고 잎눈이 크며 아로마와 맛은 더욱 은은해진다.

대우령차는 강렬한 꽃 부케처럼 감각을 압도하지 않는 매력적인 아로마를 지니고 있다. 그보다는 삼림욕과 피톤치드가 풍부한 공기를 연상시키는 향기가 느껴진다. 우려낸 찻물은 수정처럼 맑으며, 노란색을 띠는 다른 고산 우롱과는 달리 초록빛이 감도는 연한 노란색 색조를 띠고 있다. 주로 점판암과 변성 사암으로 이루어진 이 지역의 지층 구조는 대우령차에 뚜렷한 암석 같은 미네랄의 뒷맛을 남긴다.

대우령의 인기로 인해 위조품이 시장에 범람하고 있다. 진품인지 가품인지 어떻게 구별할 수 있을까? 가장 중요한 점은 대우령차는 독특한 암석 내음과 풋풋한 꽃향기가 나며, 우려낸 찻물은 노란색에 녹색이 살짝 가미되어 매우 맑다. 4~5번 우려내면 입안에서 시원한 맛이 느껴지고 차의 활기찬 성질을 느낄 수 있다. 이것이 바로 대우령 테루아의 독특함이자 진위를 확인할 수 있는 유일한 방법이기도 하다.

푸드 페어링

레몬이나 와사비 같은 일반적인 보조 재료들은 빼고 신선한 굴이나 성게 초밥에 대우령을 곁들여보자. 해산물의 단맛을 훨씬 더 잘 살려줄 것이다. 화이트 와인과 마찬가지로 새우와 궁합이 환상적이라 맛과 식감을 동시에 향상시켜준다. 산과 바다의 아름다운 만남이다. 마지막으로 오리고기 죽의 감칠맛을 즐길 때 대우령을 적당량 넣으면 맛을 더욱 풍부하게, 실크처럼 매끈하게 만들어준다.

금훤: 우유 향 환상

금훤 우롱은 쉽게 알아볼 수 있는 특유의 달콤하고 우유 같은 향을 자랑한다. 대만 차 품종 중 개량된 품종으로 공식 명칭은 대차 12호다. 잎의 돌기 모양 사이의 간격이 청신 우롱 품종보다 더 넓어 두 품종을 구분하는 열쇠가 된다.

금훤은 중저고도 지역에서 재배되다가 나중에 해발 1,000m 이상의 고산 지역에 이식되었다. 이 차는 원래 우유 같은 향이 특징이지만 고지대에서 재배하면 우유 같은 향이, 구아바 향이 살짝 가미된 꽃향기로 변한다. 다양한 고도에서 재배된 금훤 차는 만화경처럼 다채로운 과일 향을 만들어낸다.

'금훤 차'는 버블티 전문점에서 가장 인기 있는 음료 중 하나지만, 진품 금훤을 사용하는지는 아직 검증되지 않았다. 합성 향료가 개발되어 널리 사용되고 있으며, 여기에는 금훤의 우유 같은 향도 포함된다. 최종 생산 단계에 있는 많은 차에 인공적인 금훤의 우유 향을 뿌리기도 한다. 이렇게 인공적으로 만든 차는 향은 매력적이지만 한 번만 우려내도 잎의

향이 사라지기 때문에 진짜 금훤과 가짜를 구별할 수 있다.

푸드 페어링

금훤을 훈제 햄이나 그뤼에르 치즈 퍼프와 같은 고소한 애피타이저와 함께 페어링하면, 금훤의 우유 향이 부드러운 나무 향으로 변해 음식의 풍미를 끌어올려준다. 정말 기분 좋은 놀라움을 느낄 수 있다. 금훤의 아로마에는 오크 숙성 화이트 와인과 비슷한 견과류의 달콤함도 있어 훈제 연어와도 잘 어울린다. 버섯은 또 다른 훌륭한 파트너다. 특히 그릴에 구운 표고버섯은 나무 향을 풍기며 금훤의 우유 향을 완벽하게 보완해준다.

우롱: 천의 얼굴

대만의 동정 우롱은 중간 정도의 발효, 중간 정도의 홍배 과정을 거친 우롱 카테고리에서 가장 대표적인 차다. 이는 장기 보관에 적합한 차가 가진 특징이기도 하다. 잊을 수 없는 동정의 맛은 차 애호가들 사이에서 인기가 높다.

동정 우롱차는 난터우 지역에서 개발되었다. 이후 홍수 우롱, 홍우롱, 귀비 우롱이 개발되었는데, 이 세 가지 우롱차는 기본 생산 방식이 동일하고 건조된 형태가 모두 같은 공 모양을 하고 있다. 홍수 우롱은 오래된 동정 우롱을 적당히 발효하고 홍배한 스타일을 말한다. 홍우롱은 발효 정도가 홍차에 가까운 차를 말한다. 귀비 우롱은 소록엽선에 물린 우롱차를 말하며, 잎이 발효됨에 따라 우려낸 찻물에서 동방미인과 비슷한 단맛이 난다.

루구향의 용륭촌(永隆村), 장야촌(彰雅村), 광싱촌(廣興村)에서는 동정 우롱이 대표적인 차로 남아 있는데,

이는 많은 연륜 있는 제다인들이 정통 동정 우롱의 맛을 내는 기술을 전수받았기 때문이다. 고산 우롱과의 경쟁에 직면해 있지만 동정 우롱의 애호가들은 변함없이 동정 우롱을 선호하고 있다. 동시에 일반적인 소비자 취향의 변화와 함께 제다인들은 시장에서 입지를 다지고 인정을 받기 위해 다양한 발효·홍배 기술을 사용하고 있다.

푸드 페어링

놀랍게도 우롱차와 완벽한 궁합을 이루는 음식은 무엇일까? 바로 태국 커리다! 레드·그린·옐로 커리의 향신료는 우리의 미각을 마비시킨다. 그러나 살짝 단맛이 나는 우롱차가 혀를 진정시키면서 매운맛이 여러 단계로 발전할 수 있게 해준다. 처음에는 분명한 대립이 있지만 차와 향신료 사이의 화합이 빠르게 이루어지고 맛을 조화롭게 만들어낸다.

숙성차: 젊음의 샘

과거에 우롱차는 일정 기간 창고에 보관하면 유통기한이 지난 것으로 간주했다. 하지만 지금은 이렇게 숙성된 우롱차가 차 애호가들에게 귀한 상품이다. 많은 숙성 우롱차는 무이차의 특징적인 톡 쏘는 향과 비슷한 독특한 매실 향이 있다. 어떤 우롱차는 20년, 30년, 심지어는 40년까지도 손상 없이 보관할 수 있는데, 이는 홍배 과정의 영향을 받은 것으로 볼 수 있다. 숙성 우롱차를 한 모금 마시면 놀라울 정도로 매끄럽고 유연하게 목구멍으로 넘어가는데, 이는 드문 경험이자 음식과 최고의 궁합을 이루는 파트너임을 말해준다.

숙성 우롱차에서는 시간이 지남에 따라 찻잎 표면에 은은한 광택이 느껴진다. 그러나 차 상인들은 소비자를 현혹하기 위해 때때로 새 차를 재홍배하는 과정을 거쳐 뚜렷한 광택이 도는 검은색으로 보이도록 해서 빈티지 차처럼 속이기도 한다. 그러나 숙성 우롱차와 재홍배 우롱차의 외관은 동일하지 않다. 시간이 지남에 따라 숙성 우롱차는 둥근 모양을 잃게 된다.

실제로 제다의 역사를 살펴보면, 기계 유념 기술이 등장한 1980년까지는 공 모양 우롱차가 존재하지 않았다는 것을 알 수 있다. 그전까지는 반쯤 말아서 만든 우롱차만 존재했다. 이 잎은 단단한 구형이 아니며 외관의 차이가 다소 뚜렷하게 존재한다. 따라서 원래의 포장이 없어도 찻잎의 형태를 살펴보면 차의 연대를 추정할 수 있다.

경매에서 출품된 차의 원래 상자를 보면 날짜, 시간, 수여된 인증서와 같은 세부 정보가 포장에 명확하게 표시되어 있다. 봉인이 손상되지 않고 조작된 흔적이 없다면 연대와 진위에 대한 논란은 거의 없을 것이다.

잘 숙성된 차는 곰팡이가 피지도 않고 숯 냄새가 나지도 않는다. 이러한 차의 냄새를 맡으면 톡 쏘는 향이 섞인 나무 향과 맛이 느껴진다. 우려낸 찻물은 그윽한 맛이 나고 인삼의 기운도 살짝 느껴진다. 40년 된 숙성 우롱차와 50년 된 숙성 포종차에는 제다인들의 훌륭한 기술과 선견지명이 담겨 있다.

푸드 페어링

숙성차는 섬유질이 많고 식감이 쫄깃한 이베리코 햄이나 소금에 절인 오리 가슴살과 환상적인 궁합을 이룬다. 이 두 가지 육류는 차를 몇 모금 마시고 먹으면 더욱 부드러워지고 풍미가 살아난다. 숙성된 레드 와인처럼 숙성된 차의 깊고 그윽한 특성은 붉은 육류와 완벽한 조화를 이루며 매혹적인 풍미의 향연을 만들어낸다.

숙성차의 페어링 잠재력을 탐구하는 또 다른 방법은 요리에 직접 섞는 것이다. 광둥식 두 번 끓인 탕, 닭고기 수프, 장쑤성·저장성 요리인 햄 스튜 등은 때때로 기름지게 느껴질 수 있다. 숙성된 포종차나 우롱차를 조금만 부으면 느끼함이 순식간에 가벼워진다!

육계: 무이의 심장에서 만들어진 차

푸젠성 무이산에서 생산되는 무이차는 인상적인 미네랄 노트와 꽃향기가 특징이다. 무이차는 특정 재배 지역에 따라 정암(중앙/원조 무이 지역), 반암(중앙 지역 주변), 주차(중앙 지역 외곽)로 분류할 수 있다. 이 중 정암차는 가장 유명하고 탐나는 차로, 특히 삼갱양간('세 개의 구덩이와 두 개의 개울'이라는 뜻)으로 알려진 유명한 지역에서 재배되는 차가 가장 널리 알려졌다.

육계차는 무이산에서 널리 재배되는 품종이다. 이름에서 알 수 있듯이 (한자로는 육계라고 알려진) 계피 향이 난다. 그러나 향료에 사용되는 계핏가루와는 상당히 다르다. 무이육계차를 마시면 섬세하고 부드러운 질감으로 입천장에서 따뜻한 기운이 서서히 흘러나온다. 감기에 걸렸을 때 육계차를 마시면 마법처럼 몸이 따뜻해지는 효과가 있다.

육계차는 무이암차 중에서도 그 명성이 날로 높아지고 있는 차종 중 하나다. 아로마와 맛이 그윽하며 뒷맛에 약간의 향신료가 느껴진다. 제조 과정에서 계피 껍질의 아로마가 진한 과일 향을 띠게 된다.

육계차 품종의 차나무는 빽빽한 나뭇가지와 잎으로 이루어져 있으며 위쪽으로 뻗어 있다. 타원 모양의 잎은 두껍고 잘 부서지며 짙은 녹색을 띤다. 완성된 차 제품은 단단하게 뭉쳐진 모양으로 녹색과 갈색을 띠며 계피 향이 뚜렷하게 배어나온다. 프리미엄 품질의 육계차는 견과류 향이 나며, 우려낸 찻물의 색은 주황색이다. 제대로 홍배를 하면 용안 열매와 비슷한 향이 뚜렷하게 드러난다.

푸드 페어링

육계차는 구운 음식과 페어링하면 맛있다. 이 차의 캐러멜 향은 생선구이(예: 숯불에 구운 눈볼대) 또는 채소 꼬치 숯불구이와 매우 잘 어울리며, 길고 그윽한 뒷맛을 남긴다. 혹은 육계차를 고추를 넣은 간단한 알리오 올리오 스파게티와 함께 즐겨보자. 차의 계피 향이 고추의 향긋한 향과 공명하며, 차의 풀보디감이 고추가 입안을 화끈거리게 하는 것을 막아주고, 동시에 쫄깃한 파스타에서 독특한 단맛을 이끌어낸다.

삼갱양간

무이산맥의 중앙에 있는 정암 지역에 위치한 이곳은 가파른 절벽으로 둘러싸여 직사광선이 거의 들지 않고 종종 안개에 가려져 있다. 그렇기에 차나무는 여름의 뜨거운 햇빛과 겨울의 차가운 바람으로부터 보호를 받는다. 바위 틈새에서 흘러나오는 물은 석유(石乳), 즉 '바위의 우유'라고 불리며 일 년 내내 차나무에 영양분을 공급한다.

세 개의 구덩이는 혜원갱, 대갱구, 우란갱을 가리키고, 두 개의 개울은 유향간과 오원간을 말한다. 우란갱 육계차는 줄여서 '우육(牛肉)'이라고 불리는데, 말 그대로 소고기라는 뜻이다!

수선: 불멸의 차

무이산에서 재배되는 수선차 품종은 평범하게 보일 수 있지만, 이 차는 엄격한 네이밍 시스템을 따르며 항상 재배지의 이름을 따서 명명된다. 수선은 젠어우시에서 유래했으며 무이산에서 무이수선이라는 이름으로 재배된다. 광둥성의 봉황산에 이식된 품종은 봉황수선으로 알려져 있으며, 대만의 난강으로 이식된 품종은 남항수선으로 명명되었다. 각 차의 맛은 산지와 높은 상관관계가 있다. 붉은 사암에서 자라는 무이수선은 미네랄이 풍부한 독특한 테루아 덕분에 특유의 향이 난다.

수선차의 강렬한 풍미는 식욕을 자극하기에 좋다. 차오저우 사람들에게는 달걀 껍데기처럼 얇은 도자기 잔에 담아 식사 전에 마시는 필수 음료이다. 동남아시아 화교 사회에서 수선은 허브와 후추가 들어간 돼지갈비 수프 요리인 바쿠테와 함께 곁들여 마시는 차로 사랑을 받고 있다.

청나라 시인 원매는 미식에 관한 그의 유명한 1792년 작품인 『수원식단(隨園食單)』(수원의 요리법)에서 다음과 같이 무이차에 대해 생생하게 묘사하고 있다.

"나는 무이차가 약처럼 지나치게 강하고 쓴맛이 난다고 생각해서 좋아하지 않았다. 그런데 병오년 어느 가을, 무이산 만정봉에 갔다가 천유사 경내를 방문했다. 스님들은 호두만큼이나 작은 컵에 담긴 차를 정성껏 내어주었고, 주전자는 귤만 했다. 나는 차를 한 번에 다 마실 수 없었다. 차를 맛보기 전에 차의 향을 먼저 맡았고, 천천히 한 모금씩 마시며 온전히 집중해서 차를 감상했다. 차의 향은 가볍게 퍼지는 꽃향기와 함께 부드러운 뒷맛을 남기며 코끝을 감쌌다. 한 잔을 마신 후 다시 한 잔을 더 마시고 또 한 잔을 더 마시니 기분 좋은 느낌이 이어지면서 예

민함이 진정되었다. 용정 녹차의 맛은 담백하지만 옅은 맛이 난다. 양선 녹차는 품질은 좋지만 뒷맛은 전반적으로 부족하고, 옥과 수정이 본질적으로 어떻게 다른지를 생각나게 한다. 이러한 이유로 무이차는 전 세계적으로 명성을 얻고 있으며 그럴 만한 자격이 있다. 이 차는 최대 세 번까지 우려도 맛이 변하지 않는다."

원매가 자신의 경험을 기록할 때 맛본 것이 무이수선이었는지는 확실하지 않다. 하지만 무이차를 마셔본 사람이라면 대부분의 다른 차들은 비교하기가 무색할 정도다!

노총수선은 60~70년 이상 된 나무에서 채엽한 차를 말한다. 보통 땅이 이끼로 덮여 있기 때문에 이끼가 가득한 주변 환경을 연상시키는 맛이 난다.

푸드 페어링

더 강하게 홍배한 수선 품종이 푸드 페어링에는 가장 적합하다. 구운 양갈비와 함께 페어링하면 수선은 육류의 고유한 단맛을 아름답게 보완하면서 야생의 누린내를 잡아준다. 양고기 훠궈에 수선을 곁들여 마시면 차가 느끼함을 잡아주는 효과가 있다는 것을 알 수 있다. 양갈비 구이와 훠궈는 공통된 재료를 사용하지만, 같은 차라도 각각의 경우에 따라 다른 기능을 한다.

또는 차오저우 사람들처럼 식사를 시작하기 전에 수선차를 한 잔 마시고 식사가 끝난 후 한 잔 더 마셔도 좋다. 노총수선만 단독으로 마셔보자. 그 맛이 깊고 오래 지속되어 침샘을 자극할 것이다. 이 차가 숙성차를 즐기는 사람들 사이에서 왜 여전히 인기가 있는지 이해하기는 어렵지 않다.

대홍포: 전설의 차

무이산에서 생산되는 대홍포는 언제나 보물처럼 여겨져, 많은 사람이 찾지만 소수만 맛볼 수 있는 차다. 엄밀히 따지면 대홍포는 무이산 구룡과 계곡의 천심암의 가파른 절벽에서 자라는 여섯 그루의 모수를 가리킨다. 2006년, 지속 가능성을 지키기 위해 이 여섯 그루에서 나오는 잎을 채엽하는 것이 공식적으로 금지되었다.

더 이상 대홍포를 수확할 수 없는데 왜 아직도 도처에서 대홍포를 판매할 수 있을까? 오늘날 일반적으로 대홍포로 알려진 것은 사실 여러 다원에서 만든 블렌딩 차다. 이 차는 오리지널 대홍포의 특징을 지녔지만, 천심암에서 자란 여섯 그루의 모수에서 나온 차는 분명 아니다. 그 모수에서 번식된 나무들이 심기고 재배되었는데, 북두 1호와 단계는 모수의 무성 생식으로 번식한 차나무들이다.

대홍차의 블렌딩은 홍배 정도와 관련이 있다. 홍배가 강할수록 블렌딩되는 차의 종류가 다양해진다. 반면, 가볍게 홍배한 대홍포는 섬세한 향을 강조하기 때문에 무거운 '위장'을 할 필요 없이 사용된 차의 품질이 더 높다는 것을 의미한다.

전설에 따르면 대홍포는 한때 청나라 황실의 고관을 치료하는 데 사용되었다고 한다. 감사의 표시로 이 고관은 그 모차수에 주홍빛 가운을 입혔다고 한다. 이와 같은 아름다운 이야기는 대홍포의 전설에 또 하나의 가치를 더한다.

대홍포를 만드는 데 사용되는 차 품종들은 저마다의 고유한 특징이 있다. 세 차례에 걸쳐 찻잎을 홍배하고 휴지시키는 작업은 숙련된 기술이 필요한 과정으로, 이러한 찻잎 블렌딩을 통해 특색 있는 대홍포가 탄생한다.

대홍포는 입안에서 강한 기를 발산한다. 어떤 사람들은 이 차의 기운을 사지에서 가장 두드러지게 느낄 것이다. 피부가 붉게 변하고 가끔 땀을 흘리기도 한다!

푸드 페어링

무이차의 왕인 대홍포는 어느 차에도 뒤지지 않는 티 페어링을 체험할 수 있다. 대홍포는 항상 그 위상에 걸맞은 특별한 음식이 필요하다. 예를 들어, 얇게 깎은 신선한 트러플을 얹은 포터하우스 스테이크는 대홍포의 강인하면서도 우아한 성격과 매우 잘 어울린다. 중식에서 광둥식 오리구이에 대홍포를 곁들여 마셔보자. 직화로 구워 육즙이 풍부한 오리 껍질과 차의 캐러멜 향이 어우러져 전반적으로 식사를 한층 더 끌어올려준다.

백계관: "닭 볏" 차?

1980년, 나는 친구에게 홍콩 카우룽[5]에서 백계관(말 그대로 '흰 닭 볏') 차를 사달라고 부탁했다. 백계관은 유명한 4대 무이차 중 하나로, 1캐티에 당시 내 한 달 월급에 맞먹는 7천 홍콩달러는 할 거라는 말을 들었다. 이렇게 비싼 차에는 분명 가치가 있을 것이다. 실제로 이 차는 풍미와 매력이 가득했고, 당시 유행하던 가볍게 발효시킨 우롱차와는 전혀 달랐다.

현지 백계관의 생산량은 매우 적어 시장에는 많은 위조품이 돌아다닌다. 실제로 내 친구가 나를 대신해 구입한 차는 진짜 백계관이 아닌 것으로 밝혀졌다!

나중에 나는 무이산 기슭에 있는 원나라 시대의 황실 다원을 방문했다. 찻잎의 새싹들이 태양 아래서 하얗게 반짝이고 있었다. 공교롭게도 백계관 차나무는 다른 차나무에 비해 상대적으로 연한 녹색을 띠고 있었다. 특정 각도에서 보면 새싹과 잎의 모양이 닭 볏과 비슷하게 보인다. 이 정원의 관리인은 이 때문에 이 차에 그러한 특이한 이름이 붙은 것이라 설명했다.

백계관은 홍배차다. 제다인들과 판매자들은 (예를 들어 숯이나 전기 등) 다양한 홍배 방법을 사용하고 홍배 정도도 다양하게 조절해 맛의 특성을 조정한다. 가볍게 홍배한 백계관은 계곡의 난초와 같은 섬세한 향기를 발산하며, 가볍고 상쾌하며 활기찬 맛을 낸다. 중홍배한 백계관은 숙성을 하면 더 좋아지는데, 저장고에서 2년 동안 보관하면 구운 밤을 연상시키는 따뜻함과 달콤한 맛뿐만 아니라 강한 과일 향을 느낄 수 있다. 우려낸 찻물은 거의 젤라틴처럼 걸쭉한 성질이 있다. 백계관을 주니 또는 은색 주전자에 끓이면 더 뚜렷한 꿀과 꽃향기가 나타난다.

푸드 페어링

담백하면서도 풍미가 좋은 백계관은 생선회와 같이 간단하게 조리하거나 날것으로 먹는 해산물과 특히 잘 어울린다. 삶은 새우와 함께 마시면 신선한 새우살이 더 달콤하고 아삭하게 느껴진다. 좀 더 화려한 요리로는 프로방스 전통 생선 스튜인 부야베스와 함께 백계관을 마셔보라. 천생연분이다! 마지막으로 백계관의 향긋한 단맛은 비시수아즈나 가스파초와 같은 차가운 수프와도 잘 어울린다. 이 페어링의 경우 마시기 전에 차를 차갑게 식히도록 한다.

---

[5] 九龍: 원서에는 광둥어 Kowloon으로 되어 있다. 베이징 표준어로 '주룽'이다.–옮긴이

특색차와 페어링 227

정산소종과 금준미

정산소종은 원래는 무이산맥에 위치한 통무촌에서 재배했다. 이 아름다운 차 생산지에서는 천혜의 자연 생태가 정산소종의 독특한 산 정상 기운, 즉 테루아를 만들어낸다. 가공 과정에서 찻잎은, 현지 소나무를 사용해 훈연하고 홍배하며 수일 동안 건조하는 과정에서 소나무 향을 흡수한다.

정산소종은 이 독특한 소나무 향을 지닌 세계 유일한 홍차다. 이 향은 짙고 오래 지속된다. 내게는 아직까지도 소나무 향이 나는 1945년산 차 한 병이 있다. 또한 정산소종은 말린 용안 껍질과 구워서 설탕에 졸인 밤 같은 매혹적인 뒷맛이 있다.

서양식 이름인 랍상 소우총은 이 차가 수출된 푸저우의 방언에서 유래했다. 1664년, 영국 동인도 회사는 찰스 2세에게 무이 홍차를 선물했다. 이 차는 쓴맛이나 떫은맛이 없고 소나무 향이 나는 것이 특징이다. 이 차의 품질이 곧 영국 귀족들에게 인정받으면서 차를 마시는 것이 대중적으로 유행하기 시작했다. 오늘날에도 정산소종은 유럽 왕실에서 큰 인기를 누리고 있으며, 매년 스페셜·1등급 차는 거의 항상 매진된다.

정산소종 외에 금준미도 또 다른 뛰어난 홍차다. 2005년, 통무촌 정산차장의 장위안순(江元勛)은 차 애호가들의 제안을 받아들여 정산소종의 새로운 변종을 만들었다. 그는 공장을 설립하고 잎눈 끝부분만 사용해 금준미를 만들었다. 2007년에 첫 번째 물량을 샘플 캔 형태로 판매했고, 나는 이 차를 직접 시음하기 위해 현장에 있었다. 그 이후로 판매 실적은 꾸준히 상승세를 보였고(값비싼 모조품도 난무하고 있었다), 금준미는 홍차의 역사와 발전에 새로운 장을 열었다.

'황금빛 아름다운 눈썹'이라는 뜻의 금준미는 황금빛을 띤 붉은색에 실크처럼 부드러운 촉감, 버들가지 모양의 잎 모양에서 그 이름을 얻었다. 정산소종과 달리 소나무 훈연을 거치지 않는다. 우려낸 찻물에서는 연한 잎눈 끝부분만을 사용했기 때문에 매력이 넘치는 자연스러운 단맛을 느낄 수 있다.

푸드 페어링

정산소종의 훈연 향은 초콜릿 무스에서 마들렌에 이르기까지 다양한 디저트와 이상적인 조합을 이룬다. 차의 타닌이 디저트의 단맛을 기분 좋게 강조해주기 때문이다. 식사류와 페어링을 원한다면 화덕에서 구운 씬 크러스트 마르게리타 피자에 정산소종을 곁들여 마셔보자.

식사 코스가 끝나면 금준미는 우리가 식사가 끝날 때 느끼는 포만감을 이해해 '제2의 위'를 열어준다. 이 차는 모든 종류의 디저트, 쁘띠 푸르, 수플레, 과일 타르트, 누가 등과 훌륭하게 어울린다. 말레이식 디저트 보보차차를 먹을 때는 중간쯤에 차를 넣어 먹으면 금준미와 (코코넛 밀크, 타로, 니파팜 등이 포함된) 재료가 만나 정말 환상적인 조화를 이룬다.

특색차와 페어링 231

홍옥 "루비" 대차 18호

20세기 초 일본이 대만을 통치하던 시절, 미쓰이물산은 대만 홍차 수출에 특화된 회사였다. 그 결과 대만의 홍차 생산은 번성했고, 특히 1930년대 이후부터는 닛토 홍차의 성공으로 기록적인 외화 수입을 올리는 데 기여했다.

그러나 대만 홍차는 서양 홍차와 같은 수준의 인기를 누리지 못했고, 점차 쇠퇴의 길로 접어들었다. 2005년 이후 중국 홍차가 다시 등장하면서 대만 홍차도 예전의 영광을 되찾았다. 동시에 루비를 의미하는 홍옥 대차 18호라는 새로운 차 품종이 등장했다. 대만의 행정원 농업위원회 차업개량장에서 재배한 이 새 품종은 미얀마의 대엽종과 대만의 야생차를 교배한 것으로, 주로 난터우의 위츠향에서 재배한다. 홍옥 홍차는 그 자체만으로도 명성이 자자하며 고산차와 비슷한 가격을 형성하고 있다.

이름 그대로 홍옥 홍차는 보석처럼 빛나는 붉은빛을 띠고 있고, 아몬드, 계피, 민트 향이 난다. 이 차의 단맛은 다른 홍차와는 달리 새송이버섯의 풍미와 비슷하게 느껴진다. 홍옥 홍차를 한 번 맛보면 이 독특한 특성을 잊을 수 없을 것이다. 이러한 이유로 홍옥은 '대만의 향기'로 여겨진다.

푸드 페어링

홍옥 홍차는 치즈가 들어간 이탈리아식 구운 채소와 같은 요리에 페어링할 수 있는데, 이렇게 마시면 이 홍차 특유의 새송이버섯 향이 우유가 들어간 고소한 치즈와 훌륭하게 조화를 이룬다.

이 독특한 향을 갈치구이나 짭조름하고 달콤한 장어볶음, 돼지 간 요리와 같은 대만 음식들에 페어링하면 그 향이 더욱 깊숙하게 스며든다.

기문 홍차: 잔에 담긴 행복

기문 홍차 또는 기홍차는 예로부터 잘 알려져 있으며 청나라 시대에는 수출용 차로 판매되었다. 중국어로 치먼이라고 읽는 기문 홍차는 다즐링 홍차, 실론 홍차와 함께 세계에서 가장 유명한 3대 홍차 중 하나로 꼽힌다. 1915년 기홍은 파나마 세계 박람회에서 금메달을 수상하기도 했다.

기홍은 안후이성 치먼의 스타이 지역에서 생산되며, 여전히 기존의 전통 방식에 따라 만들어지고 있다. 차의 등급은 1아에서부터 2엽, 3엽 등 세 가지로 나뉜다. 말린 잎은 끈 모양을 하는 다른 홍차 잎과 달리 솔잎 모양을 하고 있다.

톱 노트는 다크 초콜릿을 연상시키다가 점차 설탕에 절인 듯한 달콤한 향이 드러난다. 많은 스페셜티 홍차들은 과일 향이나 꽃 향이 나는데 기홍은 이 두 향이 모두 난다. 또한 타닌과 카페인 함량이 적고 우유나 설탕 없이 마시는 것이 이상적이다. 부드러운 맛과 목을 진정시키는 효과가 있어 취침 전에 마시는 차로도 이상적이다.

푸드 페어링

기홍차가 다양한 디저트와 잘 어울리는 것은 당연하지만, 활용도는 그 이상으로 다양하다. 담백한 올리브유를 베이스로 하는 파스타나 수제 냉소바와 함께 마셔보라. 파스타를 만들 때 사용하는 듀럼 밀가루와 메밀국수를 만들 때 사용하는 메밀가루는 기홍과 만나면 자연스러운 단맛이 더욱 강화된다.

임창 생보이병차

임창(臨滄) 생보이차는 200년 된 차나무 종으로 만드는데, 이 차나무는 최적화된 재배 과정을 거쳐 더 통통한 잎눈을 만들어낸다. 햇빛에 말린 잎은 증기 압착 방식으로 병차로 만들어진다. 잎눈만 사용하기 때문에 이 보이병차는 비교할 수 없는 단맛을 품고 있다. 어린 보이차에서는 장미 꽃잎의 진한 향이 나지만, 몇 년 동안 보관하면 장미 와인의 복합적인 향으로 변한다.

원난성의 린창(臨滄) 차 지역은 차나무 개량과 재배에 있어 역사가 오래되었다. 오늘날 이곳은 윈난성에서 가장 많은 고대 차나무들이 서식하는 곳이다.

2007년산 임창 생병차는 떠오르는 별이다. 세련된 풍미와 여운이 남는 뒷맛 덕분에 1950년대의 '녹색 인장'(綠印) 보이차를 계승할 만한 가치가 있는 제품으로 인정받아 오늘날에는 엄청난 가격이 형성되어 있다. 1950년대와 1960년대의 다른 국가 생산 인자급 차와 더 오래된 호자급 차와 마찬가지로 이 '녹인' 보이차는 항상 햇빛에 말린 보이차 잎으로 만든 다음 수년간의 후발효를 거쳤다. 수십 년이 지나면 보이차 잎은 매혹적인 우아함을 지닌다. 이것이 바로 보이차 애호가들이 보이차를 저장고에 보관하는 이유다.

푸드 페어링

아시아 요리든 서양 요리든 숙성된 보이차는 거의 모든 요리와 잘 페어링될 정도로 활용도가 높다! 가장 놀라운 것은 치즈와 가장 잘 페어링되는 차라는 점이다. 우유 치즈, 산양유 치즈, 하드, 소프트, 세미하드, 세미소프트, 12개월 숙성, 24개월 숙성 치즈 등… 임창 보이차는 이 모든 치즈와 기분 좋게 어울린다. 그러나 무엇보다도 블루치즈와 가장 잘 어울려, 블루치즈의 아로마와 부드러운 질감을 향상시켜 준다. 여운을 남기는 보이차의 뒷맛은 치즈를 한입 더 먹고 싶은 욕구를 불러일으킨다.

악퇴 보이전차: 1976년 빈티지

대부분의 사람에게 악퇴 보이차는 광둥식 딤섬을 먹을 때 가볍게 마시는 음료다. 흔히 신맛이 나고 다소 곰팡내가 나는 것으로 알려져 있다. 하지만 좋은 악퇴 보이차는 신맛이나 곰팡내가 나지 않고 말린 용안의 달콤한 맛이 나야 한다.

1976년에 만들어진 첫 번째 악퇴 보이차 샘플을 검사할 때, 겉포장을 벗겨서 사용된 종이의 모양으로 차의 진위를 알 수 있었다. 수년 동안 보관하면 종이의 바깥쪽 면은 기름진 광택이 사라지지만, 안쪽 면(공기로 산화되지 않은 면)은 차 얼룩과 함께 원래의 광택을 유지하고 있다. 잎눈은 효소 작용의 결과를 나타내며, 잎에 보이는 후발효의 광택은 차가 잘 숙성되었다는 증거다.

악퇴, 즉 차를 쌓아서 수분을 공급하는 방법은 물을 사용해 찻잎의 발효를 촉진하는 과정을 말한다(3장의 '흑차' 참조). 깨끗한 찻잎에 악퇴 방식을 적용하면 단맛이 더해져 위를 따뜻하게 하고 진정시키는 고품질 제품이 탄생한다. 악퇴 보이차는 종종 오래된 차로 오인되기도 하고, 어린 악퇴 보이차는 햇빛에 말린 생보이차로 홍보해 소비자를 오도하는 경우가 많다. 구매할 때 주의가 필요하다!

푸드 페어링

악퇴 보이차와 광둥식 클레이팟 요리는 서로 매우 잘 어울리며, 중국 소시지, 간 소시지, 소금에 절인 생선 또는 마늘과 같은 강한 향이 나는 재료가 들어간 클레이팟 쌀 요리와는 특히 잘 어울린다.

튀긴 음식과 함께 악퇴 보이차를 마시면 기름기를 제거하는 동시에 음식과 기름의 향을 더욱 살려주는 효과가 있다.

건식 보관 vs 습식 보관

보이차를 보관하는 데 있어 건식 보관과 습식 보관 조건에 대한 논쟁이 많다. 건식 보관에서는 습도가 낮아 후발효가 상대적으로 천천히 진행된다. 습식 보관에서는 환경이 상대적으로 습하고 후발효가 더 빠른 속도로 진행되지만 차에서 곰팡내가 날 가능성이 더 높다.

이러한 관점에서 보면 건식 보관이 습식 보관보다 낫다. 그러나 사실 보이차는 1970년대부터 윈난성에서 홍콩으로 출하되었고, 홍콩의 땅값이 매우 비쌌다. 때문에 찻집과 식당에서 병차들을 소비하는 방식은, 그 해 구입한 새 병차는 보관하고 그 전 해에 구매한 차를 제공하는 식으로 이러한 순환을 반복하는 것이다. 병차를 건조한 환경에서 보관하는지, 아니면 습한 환경에서 보관하는지는 전혀 알려지지 않았다. 다시 말해, 건식 또는 습식 보관은 보이차를 판매할 때 사용되는 공허한 마케팅 수사에 불과하다.

더 정확하게 말하자면, 중요한 것은 건식 보관이냐 습식 보관이냐가 아니라 보관 환경의 청결도. 깨끗한 창고에 보관된 찻잎은 곰팡내가 나지 않는다. 동시에 찻잎의 후발효가 균일하고 병차 표면의 색이 일정하다. 병차의 일부 부위에서 발효가 더 빨리 일어난다면 그 병차는 물에 젖었다는 뜻이다. 건식·습식 보관에 대한 신화가 계속 확산되고 있지만, 티 소믈리에에게는 병차의 청결도를 평가하는 것이 더 중요하다.

500년 된 차나무로 만든 병차

반세기 이상 살아남은 차나무는 살아 있는 화석이라고 할 수 있다. 윈난성 동쪽에서 자라는 이 나무들을 한 번 보고 나무를 껴안고 사진을 찍고 찻잎 샘플을 가져오는 데만 5일이 걸렸다.

   봄에 손으로 딴 500년 된 이 나무의 부드러운 잎눈은 통통하고 신선하다. 우려낸 찻물은 강한 쓴맛이 나는데, 이는 이 차가 보관하기에 적합하다는 것을 보여준다. 반년 정도 숙성하면 쓴맛이 단맛으로 변한다. 바위틈에서 영양분을 흡수한 찻잎을 재배하는 데 대자연이 얼마나 많은 시간과 에너지를 쏟았을

지 궁금해진다. 찻잎은 먼저 햇빛에 말린 후 돌로 만든 주형으로 모양을 잡는다. 모든 잎눈은 미세한 솜털로 덮여 있다. 각 잎눈에 담긴 영양 성분은 차를 우릴 때 그 진가가 드러나기를 기다리고 있다. 세월의 흔적은 이 차를 마시는 모든 사람의 영혼에 닿는다.

   나는 이 500년 된 나무로 만든 병차를 미슐랭 스타 셰프 몇몇에게 보여주었다. 후각이 예민한 그들은 이 차의 절묘한 특성을 단박에 알아차렸고 중국 차 문화의 깊이에 매우 놀라기도 했다.

푸드 페어링

500년 된 차나무에서 얻은 차는 다양한 음식과 잘 어울린다. 가볍게 우려내면 생선회와도 잘 어울린다. 중간 강도로 우려내면 해산물 빠에야와도 잘 어울리며, 차의 이끼 향이 해산물 본연의 감칠맛을 압도하지 않으면서도 사프란의 향을 보완해준다. 수프나 스튜에 고급 재료로도 사용할 수 있는데, 예를 들어 부야베스에 넣으면 전체적인 풍미에 세련된 꽃과 허브 향을 더할 수 있다.

골동품 등급의 칠자병차

경매 시장에서 보이차는 '마실 수 있는 골동품'으로 알려져 있다. 1920년대의 호자급 보이차와 1950년대의 인자급 보이차와 같은 희귀한 보이차는 매우 고가에 거래되는 것으로 알려져 있다.

인자 등급 중 홍인과 녹인 등급의 보이차는 얇은 종이 포장지에 '茶'라는 글자가 각각 빨간색과 녹색으로 인쇄되어 있다. 일반적으로 홍인이 녹인보다 오래되고 품질이 우수하며 가격도 더 비싸다는 인식이 일반적이다. 이러한 골동품 차들의 가격과 희소성 때문에 시장에는 위조품이 많다. 비양심적인 차 판매자들은 위조된 종이 포장지를 구입해 차 제품을 포장하기도 한다. 이러한 혼란스러운 시장 상황에서 소비자들은 차를 구매하는 것일까, 아니면 단순히 차 포장지를 구매하는 것일까?

홍인 병차는 차의 명인 범화균이 불해차장(이후 맹해 차장)의 책임자였을 때 만들어졌다. 중차(中茶) 브랜드로 생산된 병차의 종이 포장지에는 회사 로고인 여덟 개의 '中'자로 둘러싸인 '茶'자가 인쇄되어 있었다. 중앙의 '茶'자가 빨간색으로 인쇄되어 있어, 이 병차를 지칭할 때는 '홍인'이라는 이름이 붙었다.

이 골동품 병차는 봄 잎눈으로 만들었으며 70년 이상 숙성되었다. 모양이 균형을 잘 이루고 있어 뛰어난 제조 기술과 보관 상태를 보여준다. 하얀 잎눈의 솜털이 봄 차의 특징이다. 우려낸 찻물은 루비 빛이 돌면서 선명하고 맑다. 찻잔에 따르면 차의 가장자리를 따라 황금빛 원이 생긴다. 홍인의 향기를 처음 맡으면 침향 나무의 신비로운 향기가 떠오른다. 그윽함은 뚜렷하고 떫은맛은 한 모금 마실 때마다 사라졌다가 다시 나타나는 듯하다.

푸드 페어링

칠자병차와 잘 어울리는 음식은 블랙 트러플이 들어간 스크램블드에그다. 향긋한 찹쌀을 연상시키는 이 차의 향이 트러플의 흙 내음과 기분 좋게 어우러진다. 또 다른 이상적인 파트너는 홍콩식 '비풍당' 스타일의 게 요리로, 뜨거운 기름에 바삭하게 튀긴 대파, 마늘, 발효 검은콩 등을 듬뿍 얹은 요리다. 차가 튀김의 텁텁함을 잡아주면서 게살의 단맛을 더욱 돋보이게 해준다. 마지막으로 20년 숙성된 칠자차를 구할 수 있다면 우설찜과 함께 페어링해보기 바란다. 80년 된 와인인 라피트에 버금가는 페어링을 즐길 수 있다!

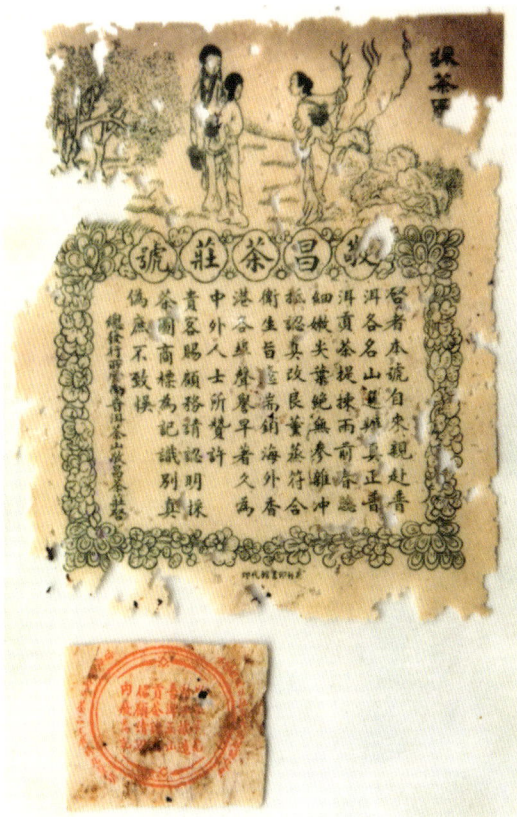

7
요리 재료로서의 차

차를 활용한 요리의 즐거움

차는 음식의 일종으로 원래는 먹기 위한 것이었다. 그러다가 당나라 시대에 사람들은 찻잎을 갈아서 가루로 만들어 끓여서 마셨다. 이러한 제조 방법은 티베트 지역과 소수 민족인 동족 사이에서 아직도 인기가 있다. 차는 찻잎을 솥에 덖거나 로스팅해 만들며, 말린 찻잎을 분쇄하거나 냄비에 바로 넣고 끓여 마신다. 쌀, 땅콩, 채소 또는 우유와 같은 다른 재료들도 추가할 수 있다.

송나라 시대로 빠르게 거슬러 올라가보자. 가루차를 사발에 넣고 찻주전자에 담긴 뜨거운 물을 부은 다음 대나무 거품기로 물과 차를 섞어 거품을 냈다. 이러한 '차를 마시는' 방법은 많은 불교 수행자들 사이에서 각성을 유지하는 수단으로, 또한 명상과 자기 수양의 수단으로 호평을 받았다. 이러한 차 마시는 습관에 주목한 일본은 말차를 핵심으로 하는 차 음용법을 고안해냈다.

명나라와 청나라 시대에 이르러서야 띠 모양의 찻잎이 등장했다. 찻잎을 냄비에 넣고 뜨거운 물에 우려냈다. 찻잎 자체를 마시지 않고 우려낸 물만 마시는 이 방식은 오늘날에도 계속되고 있다.

차를 요리의 재료로 활용할 때, 음식의 일부로 먹든, 소스의 일부로 먹든 그 가능성은 무궁무진하다. 이 장에서는 내가 가장 좋아하는 차가 들어간 요리 몇 가지를 소개하고자 한다. 이 개론적인 시연은 티소믈리에가 반드시 요리사가 되는 것을 목표로 해야 한다는 것을 의미하지는 않는다. 하지만 차가 들어간 요리를 만들다보면 음식과 차의 멋진 조화를 진정으로 느낄 수 있다. 이것은 티 페어링의 원칙을 공고히 하는 가장 좋은 방법 중 하나다.

주방에서 차를 활용하는 팁

- 차통 바닥에 있는 부서진 잎과 가루를 활용하자. 이를 티백에 넣고 향신료 팩을 사용할 때처럼 수프나 스튜에 넣으면 된다.
- 마시는 차는 끓는 물에 우려내야 하지만 요리에 사용할 때는 우유나 와인에 담가 우리는 등 다른 방법도 시도해볼 수 있다.
- 차의 선택은 그 음식에 쓰이는 다른 재료에 따라 달라진다. 예를 들어, 중홍배가 된 강발효 우롱은 음식의 견고함을 향상시켜 준다.

차가운 삼림계 오이

삼림계 금훤의 미묘한 향기는 아삭하고 차가운 오이와 환상적인 조화를 이룬다. 주니 자사호에서 우려낸 삼림계 금훤차는 샘물처럼 매끈하다. 차가 조금 식은 후 오이와 잘 어우러지도록 도자기 그릇에 붓고 기다린다.

차를 우려낸 요리에 사용하는 그릇은 문화적 교감을 나눌 수 있는 기회가 된다. 옹정제 시대(1723~1736년)의 청백색 그릇을 사용할 수 있다. 그릇의 중앙에는 수려한 산과 강이 그려져 있고 테두리에는 대나무 문양이 그려져 있다. 에메랄드빛 오이와 어우러진 세련되고 우아한 분위기는 상록의 신선함을 표현한다.

차를 우려낸 후 몇 시간 동안 차갑게 식힌 오이 조각은 아삭아삭하고 달콤하며 삼림계 금훤의 여운이 오래 남는다. 씹을 때마다 시원함과 향긋함이 느껴져 여름날에 완벽한 청량감을 준다.

재료
삼림계 금훤차 5g
오이 작은 것 2개(200g)

만드는 법
1. 뜨거운 물 150ml에 차 5g을 넣고 5분간 우린다. 찻물을 걸러서 식힌다.
2. 오이를 세 부분으로 자른 다음 큰 칼날의 측면으로 '으깨듯' 손질한다. 이 오이 조각을 접시에 담는다.
3. 오이가 잠길 때까지 찻물을 오이에 붓는다.
4. 비닐 랩으로 접시를 덮어 밀폐하고 냉장고에 넣는다. 반나절 후에 꺼내서 물기를 빼고 차려낸다.

찻물을 가볍게 뿌린 팽이버섯

고대 차나무가 자라는 서식지는 산소 함량이 매우 높아 공기가 깨끗하고 생명력이 넘친다. 또한 이곳에서는 중국어로는 황금 바늘버섯, 또는 팽이버섯으로 알려진 길고 가는 버섯을 포함한 많은 야생 버섯을 발견할 수 있다.

이 요리를 위해 나는 난누오산에 있는 옛 수목에서 채엽한 차를 사용해 이 섬세한 버섯의 뒷맛을 살렸다. 800년 된 이 나무는 고대의 차 산지에서 자라며 버섯의 입체적인 풍미를 끌어내는 독특하고 강인한 매력을 지니고 있다. 그 결과 마치 고기를 먹는 듯한 깊은 풍미와 동시에 매우 순수한 맛을 느낄 수 있다.

재료

운남 남나산 고대 차나무 차 2g

팽이버섯 50g

레드 와인 식초

만드는 법

1. 차 2g을 3분간 우린 후 50ml를 덜어 둔다.
2. 오븐을 200℃로 3분간 가열한다.
3. 알루미늄 포일 한 장을 그릇 모양으로 접는다.
4. 팽이버섯을 포일 그릇에 넣고 넓게 펼친다.
5. 버섯 위에 찻물을 붓는다.
6. 오븐에 넣고 200℃에서 7분간 굽는다.
7. 버섯을 접시에 담고 레드 와인 식초를 몇 방울 뿌린다.

홍옥 홍차 소스를 뿌린 염소 치즈 멜론 샐러드

대차 18호, 루비 홍차 등 다양한 이름으로 불리는 홍옥 홍차는 새로운 차 품종으로 꿀 향이 매우 두드러진다. 이 홍차를 우려내면 진하고 민트 향이 나는 풍미와 새송이버섯을 연상시키는 신선함이 느껴진다.

허니듀 멜론과 염소 치즈 샐러드에 쓸 드레싱을 만들기 위해 홍옥 홍차와 슈퍼마켓에서 구입한 페스토를 섞는데, 이 차는 다소 뻔한 소스를 놀랍게 변신시킨다. 홍옥 홍차가 없는 페스토는 멜론의 부드러움과 어울리지 않는 묵고 끈적거리는 맛이 난다. 하지만 홍옥 홍차를 첨가하면 차에서 느껴지는 민트 향의 상큼함이 꿀처럼 달콤한 단맛과 함께 강화되어 멜론의 감미로운 머스크 향과 잘 어우러진다.

재료

홍옥 홍차 3g

허니듀 멜론 200g

염소 치즈

페스토

만드는 법

1. 찻잎 3g을 5분간 우린 후 20ml를 따로 둔다.
2. 멜론은 껍질을 벗기고 약 0.5cm 크기로 깍둑썬다.
3. 치즈는 멜론과 같은 크기로 깍둑썬다.
4. 페스토 소스 10g에 찻물을 넣고 골고루 섞는다.
5. 접시에 깍둑썬 멜론을 담고 치즈를 추가한 후 4의 페스토 소스를 뿌린다.

말린 두부와 차: 고향의 맛

동정 우롱은 팬에 구운 말린 두부와 함께 페어링할 때 신선함을 더해주며, 새우로 속을 채운 두부 못지않은 감칠맛을 느낄 수 있다.

이 차는 대만 난터우 현의 펑황 마을에서 생산한다. 적당히 발효되어 우려낸 찻물의 색은 황금빛 노란색을 띠며 뒷맛이 오래 가고 매끈하다. 주니 토기 자사호는 이 차의 본질을 완전히 드러날 수 있도록 하고, 그래야만 이 차가 두부와 잘 페어링된다.

말린 두부를 노릇노릇하고 바삭해질 때까지 팬에서 볶은 후 그 위에 차를 붓는다. 이렇게 하면 두부가 동정의 아름다운 산과 물과 만난다. 바삭함과 부드러움이 한데 어우러진 두부에 플뢰르 드 셀을 살짝 뿌려 바다의 향기를 더한다. 청나라의 미식가 원매가 표현한 것처럼 혀끝에는 '넋을 빼놓는 신선한 맛'이 오래도록 남는다.

재료

가을 동정 우롱차 3g

말린 두부 140g

엑스트라 버진 올리브유

플뢰르 드 셀

만드는 법

1. 차 3g을 끓인 물 50ml에 3분간 우린 후 한쪽에 둔다.
2. 말린 두부를 0.5cm 두께로 썬다.
3. 팬을 약한 불에 올려 달군 후 기름을 두르고 발연점에 도달할 때까지 기다렸다가 두부를 넣는다. 뚜껑은 덮지 않는다.
4. 두부가 노릇노릇해질 때까지(약 5분간) 팬에서 구운 후 뒤집는다.
5. 2분 후 두부 위에 찻물을 붓고 팬 뚜껑을 덮는다. 1분 후 불에서 팬을 내리고 차려낸다.

요리 재료로서의 차 　251

다즐링 무조림

무, 즉 흰 무는 일본 요리의 주재료다. 나는 오뎅집에서 무조림을 먹고 인생이 바뀔 정도로 감동받았는데, 무가 양념장의 호박색을 띠었을 뿐만 아니라 상상도 못 했던 방식으로 깊은 감칠맛을 흡수하고 있었던 기억이 난다. 이렇게 무가 국물의 풍미를 흡수하는 특성을 고려할 때, 무를 차와 함께 요리하는 것은 필연적인 만남처럼 보였다!

이 요리에 나는 다즐링 차를 사용하기로 결심했다. 다즐링은 히말라야에서 온 매혹적인 풍미 스펙트럼을 보여주는 인도 홍차다. 고산 지대 테루아에서 자란 다즐링 홍차는 땅에서 자란 무에 클래식한 다즐링의 무스카텔 향과 함께 세련미를 불어넣는다.

무가 다즐링 홍차 안에서 끓는 동안 과일 향과 식물 향이 퍼진다. 간장을 더해 잠재된 감칠맛을 끌어올리고 마지막으로 종이처럼 얇은 가다랑어포를 뿌려 오감을 자극하는 요리를 완성했다.

재료
다즐링 홍차 3g
무 3개
검은콩 간장
가다랑어포

만드는 법

1. 찻잎 3g을 끓는 물에 넣고 5분간 우린다. 찻물 500ml를 따로 덜어 둔다.
2. 무를 씻고 껍질을 벗긴다. 무를 작게 한 조각 잘라 갈아준다. 나머지 무는 냄비에 넣고 간장 5ml를 넣은 후 찻물을 붓는다.
3. 약불에서 15분 정도 끓인다.
4. 불을 끄고 무를 두꺼운 원반 모양으로 자른다. 자른 무에 갈아 두었던 무를 얹고 상에 올리기 직전에 가다랑어포 가루를 뿌린다.

스핀오프 차예단

온센타마고 또는 삶은 온천 달걀에 차를 추가하는 것은 이 간단한 요리의 품격을 높이는 환상적인 방법이다.

악퇴 보이차의 그윽함은 이 요리에 특히 더 잘 어울린다. 여기에 (예컨대, 파르미지아노 같은) 얇게 썬 치즈를 추가하면, 치즈가 부드럽고 따뜻한 달걀 위에 녹으면서 감칠맛과 식감을 더할 수 있다. 껍질을 벗긴 옥색 콩 몇 개를 얹어주면 간단한 요리가 한 접시에 담긴 세련된 요리로 변신한다.

재료

운남 임창 보이차 2g

달걀 2개

파르미지아노 레지아노 치즈

껍질을 벗긴 그린빈

만드는 법

1. 찻잎 2g을 5분간 우린 후 75ml를 따로 덜어 둔다.
2. 냄비에 물을 끓이고 달걀을 물에 완전히 잠기도록 넣는다. 약불에서 10분간 익힌다.
3. 달걀 껍데기를 벗기고 접시에 담는다.
4. 달걀 위에 콩을 올린 다음 찻물을 붓는다.
5. 치즈를 올린다.

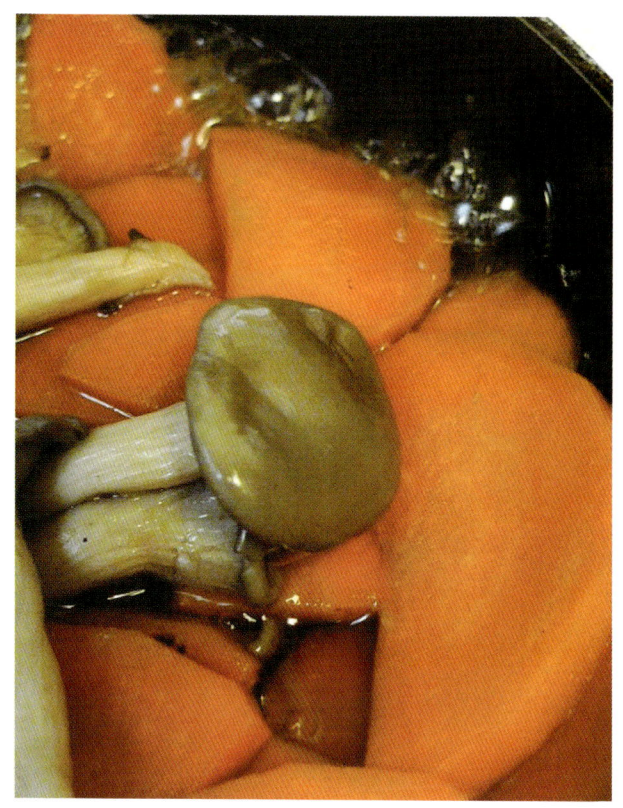

전홍차를 머금은 느타리버섯

우수한 현지 차 품종으로 만든 윈난성 홍차, 전홍차는 잎눈이 튼튼하고 흰색 솜털로 덮여 있다. 이 차의 첫 모금은 플랜틴, 흑설탕, 말린 금귤 향을 드러낸다. 이 시점에서 혀뿌리에서 건조함이 느껴지고 잇몸에서 침이 나오기 시작한다.

이 요리는 전홍의 견고함과 느타리버섯과 당근의 섬세하고 구수한 향을 함께 느낄 수 있다. 살짝 불에 볶은 당근에서 나는 그을린 향이 전홍차의 꽃 향과 어우러지고, 차의 그윽한 단맛이 당근의 캐러멜 몰트 향을 강화한다. 한입 베어 물 때마다 달콤한 뒷맛이 뒤따른다.

재료

운남 전홍차 3g

느타리버섯 60g

당근 100g

올리브유

만드는 법

1. 찻잎 3g을 3분간 우린 후 50ml를 따로 덜어 둔다.
2. 당근을 씻어서 껍질을 벗기고 썬다. 뜨거운 팬에서 센불로 3분간 볶는다.
3. 깨끗이 씻은 느타리버섯을 넣고 재료들을 볶다가 찻물을 넣는다.
4. 재료가 찻물을 대부분 흡수하면 올리브유를 넣고 볶다가 불을 끄고 접시에 담아 차려낸다.

동정 우롱 죽순

발효와 홍배가 잘 된 동정 우롱차는 5분 이상 우려내도 쓴 타닌이 우러날 염려 없이 마실 수 있다. 이것이 동정차의 매력이다. 찻잎을 더 오래 우려내어 죽순을 담그면 화살촉 모양의 죽순에 있는 섬유질이 부드러워진다.

죽순은 순수한 맛으로 가장 높은 평가를 받는다. 어린 죽순일수록 아삭하고 신선하며, 숙성된 죽순은 우아하고 그윽한 풍미를 느낄 수 있다. 차와 함께 페어링하면 산의 거칠고 순수한 기운을 발산한다.

그래서 나는 돼지고기나 된장을 넣고 볶는 일반적인 조리법 대신, 기름을 넣지 않고 웍에서 부드러운 죽순을 볶는다. 웍의 열이 죽순의 아로마를 방출시켜주는데, 마치 야생에서 죽순을 모닥불에 구울 때 나는 아로마와 비슷하다.

마지막으로 가을에 수확한 동정 우롱차를 죽순 위에 부어 죽순이 차의 좋은 맛을 흡수할 수 있도록 한다.

재료
동정 우롱차 3g
죽순 20개
올리브유
플뢰르 드 셀

만드는 법

1. 찻잎 3g을 끓인 물 200ml에 5분간 우려낸 후 따로 덜어 둔다.
2. 팬을 기름 없이 달군 후 죽순을 넣고 중불에서 3분간 굽는다. 죽순이 살짝 타면서 구운 향이 나면 죽순이 반쯤 잠길 정도로 찻물을 붓는다.
3. 살짝 저어준 후 약불로 줄여 5~7분간 더 익힌다.
4. 국물이 졸면 불에서 팬을 내린다. 올리브유를 살짝 뿌리고 플뢰르 드 셀을 뿌려서 차려낸다.

요리 재료로서의 차 257

차 소스를 발라 구운 물죽순

미소 된장을 발라 구운 채소와 과일은 일본에서는 600년 이상 된 요리다. 미소 덴가쿠라고도 하는 이 요리는 재료를 잘게 썰어 된장을 바르고 굽는 것인데 여관이나 찻집에서 차와 함께 제공했다. 담백하고 깔끔한 맛이 차를 압도하지 않기 때문에 오랜 세월 함께 해온 것이다.

이 요리에서는 차를 된장에 바로 넣었다! 이 요리에 1980년에 생산된 묵직한 숙성 동정 우롱을 선택했다. 이 차는 질 좋은 숯불에 홍배를 한 덕분에 정말 우아하게 숙성되었다. 1980년대 대만의 우롱차 산업은 호황을 누렸고, 우롱차 제다인들은 정밀한 홍배 기술을 가진 것으로 유명했다. 40년의 세월이 흐른 지금, 숙성 차는 그 귀중한 유산을 담은 '타임캡슐'이 되었다. 제다인들이 기여한 바는 프랑스 와인 메이커에 비견할 만하지만, 국제적인 찬사를 받는 경우는 드물다.

동정차를 된장과 섞어 만든 소스에 '아름다운 다리'라고도 알려진 부드러운 물죽순(Zizania latifolia)을

곁들였다. 물죽순은 대나무과 식물은 아니지만 식감과 풍미가 죽순과 비슷하다. 이 모든 재료가 한데 어우러지면 맛있는 목가적인 교향곡이 흘러나오는 것 같다.

재료
봄 동정 우롱차 2g
물죽순 3개
유기농 미소 된장 50g

만드는 법
1. 찻잎 2g을 5분간 물에 우려낸 후 30ml를 따로 덜어 둔다.
2. 물죽순은 겉껍질을 제거하지 않고 씻는다. 두 쪽으로 완전히 분리하지 않고 가운데를 세로로 길게 자른다.
3. 미소 된장 50g을 그릇에 넣고 찻물을 부어 섞는다.
4. 물죽순에 3의 양념장을 펴 바른다.
5. 물죽순을 250°C의 오븐에서 10분간 굽는다.

운남 보이차와 찐 생선

윈구이 고원의 고산 지대에서 생산된 전차가 심해 생선과 조화롭게 페어링될 수 있을까?

시장에서 우연을 찾아 낯선 가판대를 둘러보다가 생전 처음 보는 황금눈 도미 머리를 샀다. 집에 돌아와서 의지할 만한 표준 레시피도 없이 윈난성 만전의 고목 보이전차에서 잎을 좀 뜯어 그 위에 생선 머리를 올렸다. 5분간 찌고 나니 찻잎 향을 입힌 생선 요리가 완성되었다.

너무 간단하다는 생각이 드는가? 사실 단순함은 평범함에서 특별함이 탄생하는 요리 기교의 궁극적인 표현이다.

황금눈 도미와 만전차는 모두 단순한 재료이지만 동시에 귀한 재료다. 황금눈 도미가 희귀한 이유는 심해에 서식하기 때문인데, 얕은 바다에서는 거의 모습을 드러내지 않는다. 부분적으로 가공된 만전차의 잎은 외딴 고원 지대에서 구할 수 있는데, 이 차에 대해 아는 사람도 거의 없다.

따라서 생선 머리를 찔 때 양파, 생강, 마늘, 와인 또는 기타 양념이 첨가되지 않는다. 공중에 퍼지는 차의 아로마와 황금눈 도미에서 풍기는 바다의 향기만이 김이 모락모락 피어오르는 증기 속에 담겨 있다. 넉넉한 단맛과 절묘하게 어울리는 재료가 만나 미니멀한 생선찜 요리가 되었다.

재료

운남 만전 고목 보이차 2g

황금눈 도미 머리(160g)

플뢰르 드 셀

만드는 법

1. 찻잎 2g을 김이 나는 찜기 그릇에 올린다.
2. 생선 머리를 깨끗이 씻어 찻잎 위에 올린다.
3. 생선을 중불에서 5분간 찐다.
4. 생선을 불에서 내리고 플뢰르 드 셀을 뿌린다.

요리 재료로서의 차 261

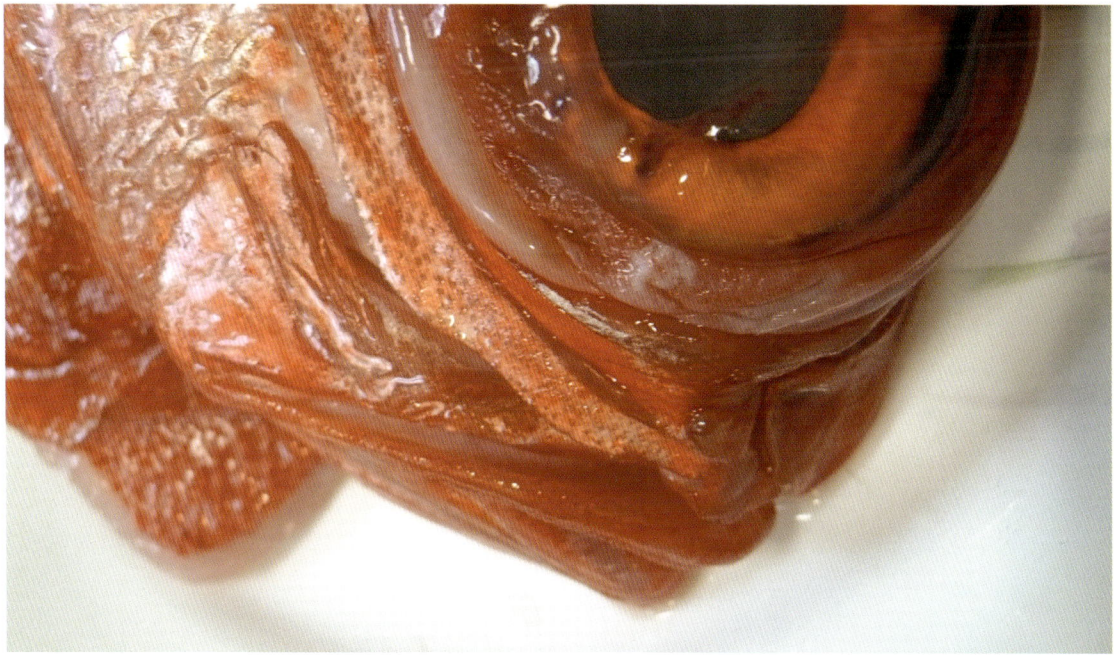

야생차에 찐 생선

윈난성 맹고 생태숲의 큰 차나무에서 채엽한 야생차는 순수한 자연의 향을 그대로 간직하고 있어, 도시인들이 마치 원시림에 온 듯한 느낌을 받을 수 있다. 이 차를 우려서 생선 수프 베이스로 사용하면 절묘한 맛이 조화를 이룬다.

이 차를 끓이기 때문에 잎이 너무 익어 수프에 쓴맛과 떫은맛이 날까 봐 걱정하는 사람도 있을 것이다. 하지만 좋은 보이차를 사용하면 그런 걱정은 하지 않아도 된다. 달콤하고 그윽한 맛이 유지되기 때문이다. 좋은 보이차는 보관에 세심한 주의를 기울여 숙성된 결과물일 뿐만 아니라, 손에 넣을 수 있는 최고의 원재료로 만든 것이다.

생선의 신선도도 마찬가지다. 신선도가 떨어지는 생선은 황실 연회 전문가나 미슐랭 스타 셰프도 구해낼 수 없다. 이것이 바로 양질의 보이차를 끓여도 그 그윽함을 계속 유지할 수 있는 이유다. 품질에 대한 고집은 농장에서 좋은 차를 찾거나 시장에서 신선한 생선을 찾을 때 빼놓으면 안 된다.

재료

운남 맹구 야생차 2g

벤자리

얇게 썬 생강

호박씨 기름

만드는 법

1. 끓는 물에 찻잎 2g을 넣어 5분간 우린다.
2. 찻물 500ml를 냄비에 붓고 생강을 넣고 끓인다.
3. 생선을 넣는다.
4. 2분 후 냄비를 불에서 내린다.
5. 접시에 생선을 담고 호박씨 기름을 뿌려 차려낸다.

수사연 홍차와 꽁치구이

베이킹 트레이에 꽁치 한 마리를 통째로 올리고 그 위에 수사연 홍차를 붓는다. 200°C에서 8분간 굽는다. 부드럽고 촉촉하게 구워진 생선에서 강한 차 향이 나기 시작할 것이다.

　수이사렌(수사연)은 대만 중부의 일월담(르웨탄) 바로 북쪽에 있는 풀리 지역을 일컫는다. 이곳은 대만 야생 차나무의 원산지로 알려져 있다. 1701년 오정화는 『사요잡시(社寮雜詩)』(서랴오의 잡다한 시)를 쓰면서 풀리에서 대만 동백나무와의 만남을 이렇게 기록했다. "4월 말 곡우(절기)가 지난 후 달팽이를 찾으러 나갔다가 에메랄드빛 잎이 내 시선을 사로잡았다. 봄 수확기에 이 찻잎을 따지 못한 것이 아쉽구나."

　수사연 홍차를 우린 찻물은 보디감과 농도가 있어 요리에 독특한 변화를 준다. 꽁치의 껍질을 뚫고 들어가 차와 생선의 아로마가 서로 얽히면서 화려하게 숙성된 풍미를 느낄 수 있다.

재료

수사연 홍차 3g

꽁치

솔잎을 우린 식초(또는 발사믹 식초)

만드는 법

1. 끓는 물에 찻잎 3g을 넣고 3분간 우린다. 찻물 10ml를 덜어내 한쪽에 둔다.
2. 꽁치를 씻고 물기를 제거한 후 알루미늄 포일 트레이에 올려놓는다. 생선 위에 식초 10ml를 뿌린 다음 찻물을 붓는다.
3. 우리고 난 찻잎 일부를 생선 위에 올려놓는다.
4. 200°C의 오븐에서 생선을 8분간 굽는다.

동정 우롱차를 부은 마히마히 구이

나는 1984년 난터우현 광싱촌에서 숯불로 정성스럽게 홍배한 동정 우롱차를 수십 년 동안 소중하게 보관해왔다. 오랜 시간 동안 차 안에 단단히 잠겨 있던 향긋하고 그윽한 풍미가 깨어나기를 기다리고 있다.

  이 차는 일반적인 시간보다 두 배 더 오래 우려내야 한다. 우려낸 찻물은 견고하고 매끄러우며 달콤하면서도 황금빛 세월의 빛을 머금고 있다. 뜨거운 팬에 붓자 마치 비가 내리는 것처럼 차가 생선 구석구석에 스며든다.

  차와 구운 마히마히(만새기)의 조합은 정말 상쾌하다. 이 섬세한 생선을 가공된 어묵과 어분을 만드는 데 사용하는 것에 안타까운 마음을 금할 수 없다. 이는 신선한 재료를 사용해야 하는 진정한 목적에 어긋나는 일이다. 마히마히는 일 년 내내 심해에서 헤엄쳐 다니면서 근육을 발달시킨다. 숯불에 구운 동정의 캐러멜 아로마를 흡수하는 아삭한 마늘종을 제외하고는 소금이나 조미료가 필요하지 않다.

재료

숙성 동정 우롱차 1g

마히마히 150g

마늘종 2대

엑스트라 버진 올리브유

만드는 법

1. 찻잎 1g을 끓인 물 50ml에 넣고 5분간 우려낸 후 따로 덜어 둔다.
2. 마늘종은 길이의 1/3로 잘라 씻은 다음 길게 찢어 한쪽에 둔다.
3. 뜨겁게 달군 팬에 기름을 두르고 발연점에 도달할 때까지 기다린다. 생선을 껍질 쪽이 위를 향하도록 하고 팬에 넣는다. 팬 뚜껑을 덮지 않는다.
4. 생선이 바삭하게 구워질 때까지 약 15분간 가장 약한 불에서 굽는다.
5. 불에서 팬을 내린다. 생선에 마늘종을 펼쳐 올리고 그 위에 찻물을 붓고 팬 뚜껑을 덮는다. 약 1분 후 뚜껑을 열고 차려낸다.

요리 재료로서의 차 265

대수 보이차와 장미 향을 머금은 도미 머리

생선의 맛있는 신선함을 강조하기 위해 대수 보이차와 장미꽃잎 잼을 사용하기로 했다. 장미꽃잎 잼은 '장미의 왕'인 불가리아에서 만든 것으로 진하고 로맨틱한 향이 난다. 이 요리에서 장미꽃잎 잼은 멜로디를 형성하는 역할을 하고, 이끼 향이 나는 보이차는 매혹적인 베이스 역할을 한다. 도미의 맑고 선명한 풍미와 어우러져 멋진 삼박자의 하모니가 만들어진다.

재료

운남 경곡 문산 대엽차 2g

도미 머리

불가리아 장미꽃잎 잼

만드는 법

1. 차 2g을 5분간 우린 후 30ml를 따로 덜어 둔다.
2. 오븐을 250°C이 될 때까지 10분간 가열한다.
3. 알루미늄 포일을 접어서 베이킹 트레이로 만든다.
4. 도미 머리는 깨끗이 씻어 포일 트레이에 올린다.
5. 도미 머리에 장미꽃잎 잼을 바른 다음 찻물을 붓는다.
6. 200°C의 오븐에서 15분간 굽는다.

매혹적인 차 스키야키

고대 차 산지의 야생 찻잎은 스키야키 요리의 단맛을 희석시키지 않으면서 조화롭다.

망지 고대 차 산지는 윈난성 남부 시솽반나의 멍라현에 자리 잡고 있다. 이곳에서는 이미 1700년대에 차 무역이 이루어졌다. 니우군탕 거리가 있는 중앙시장은 망지 차산으로 이어진다. 같은 거리에는 매년 3월 봄 차 수확기에 차 재배자들이 다성으로 칭송받던 육우에게 기도를 드리기 위해 방문하던 오승대묘라는 사당이 있다. 그들은 신을 섬기고 그 보답으로 그들의 나무는 부드러운 차의 축복을 받았다.

스키야키 요리에 2005년산 운남 망지 보이차를 곁들이면 따뜻한 풍미가 결합되는 것을 느낄 수 있다. 이 차는 산에서 온 야생적 요소를 품고 있다. 이렇게 먹으면 국물이 지나치게 진해질 걱정 없이 스키야키를 즐길 수 있다.

재료
운남 망지 보이차 2g
새가라지 (110g)
두부
엑스트라 버진 올리브유

만드는 법
1. 두부를 잘게 썰어 직화용 접시에 담고 엑스트라 버진 올리브유 약 10ml를 두른다.
2. 생선을 깨끗이 손질해 두부 조각 위에 올린다. 중불에서 7~8분간 뭉근히 익힌다.
3. 5분 후 생선을 뒤집는다.
4. 5분간 우려낸 찻물을 접시 위에 붓는다.
5. 불에서 접시를 내리고 차려낸다.

차즈케의 새로운 해석

일본 요리에서 차즈케는 식사가 끝날 때 포만감을 주는 역할을 한다. 차를 사용해 밥을 '담그거나' 또는 '뭉근히 끓이는' 것은 새로운 맛을 창조하는 이상적인 방법이다. 단순히 밥을 담그는 것을 넘어 밥과 페어링할 차는 어떻게 선택해야 할까?

운남 대수 보이차를 고르면 괜찮을까? 이 차는 채엽할 때 어린잎과 성숙한 큰 잎을 함께 따는 경우가 많다. 신선하고 부드러운 향기 속에 햇빛에 적신 성숙한 잎의 깊은 맛을 느낄 수 있다. 고온에서 찻잎을 우리면 차는 진한 풍미를 마음껏 발산한다.

먼저 냄비에 기름을 두르고 차가운 밥을 넣는다. 그런 다음 온도가 빠르게 올라갈 때 소량의 찻물을 넣는다. 밥과 찻물이 매우 빠르게 서로 섞인다. 냄비 바닥에 달라붙은 밥은 찻물을 더 넣고 섞어서 풀어준다. 김이 오르면 황금빛이 도는 밥에 말린 굴을 넣고 모든 재료를 잘 섞는다.

냄비에서 살짝 탄 향이 감지되면 불을 끄고 밥을 그릇에 담아 차려낸다. 차가 쌀알에 탱글탱글한 식감을 더하고 쌀과 굴의 풍미가 어우러져 기분 좋게 조화롭다.

재료

운남 묵강 단산 보이차 2g

말린 굴 4개(물에 담그기)

쪽파

단립종으로 지은 밥

엑스트라 버진 올리브유

만드는 법

1. 찻잎 2g을 넣고 5분간 우린 후 200ml를 따로 덜어 둔다.
2. 파는 녹색 부분만 잘라 가늘게 썬다.
3. 냄비에 기름을 두르고 가열한 다음 찬밥을 넣고 볶는다.
4. 굴을 냄비에 넣고 찻물을 부은 다음 중불에서 저어준다. 소금으로 간을 맞춘다.
5. 쌀이 모든 액체를 흡수할 때까지 저어준 다음 불에서 냄비를 내린다.
6. 파로 장식하고 차려낸다.

정산소종 소스를 뿌린 구운 감자

오븐에 구운 감자는 스테이크를 곁들인 저녁 식사에 가장 잘 어울린다. 구운 감자의 담백한 단맛을 더 풍성하게 하려면 어떻게 해야 할까? 이 요리에서는 블랙 올리브와 함께 사용하는 정산소종 홍차의 깊은 풍미가 야생의 맛을 불어넣어 준다.

이 정산소종 홍차는 중국 푸젠성에서 유래한 것이다. 정산소종은 훈제 홍차로, 소나무를 연료로 태우면서 차가 다량의 연기를 흡수하는 방식으로 생산한다. 때문에 찻잎에 특유의 달콤하고 수지 같은 향이 배어 있다.

이 요리에서는 정산소종과 블랙 올리브를 함께 사용했다. 올리브는 얇게 썰어 감자 위에 뿌린다. 올리브 얘기가 나왔으니 말이지만, 한때 중국 차오저우 지역에서는 차를 우릴 물을 끓일 때 올리브 씨를 연료로 사용했다. 나무 숯에 비해 올리브 씨로 만든 숯은 물맛에 독특한 매력을 더한다.

재료
정산소종 2g
올리브즙
감자 4개
블랙 올리브
올리브유

만드는 법
1. 찻잎 2g을 넣고 5분간 우린 후 30ml를 따로 덜어 둔다.
2. 찻물이 식으면 올리브즙 10ml를 넣는다.
3. 감자를 씻어서 반으로 자른다. 껍질은 벗기지 않는다. 칼을 사용해 자른 표면에 체크무늬로 칼집을 넣는다. 자른 면이 위로 향하도록 베이킹 트레이에 올리고 찻물을 뿌린 다음 그 위에 블랙 올리브를 얹는다
4. 오븐을 250°C로 5분간 예열한 후 감자를 10분간 굽는다. 올리브유를 살짝 뿌린 후 차려낸다.

돼지 간을 넣은 영양 가득 국수

차와 간의 풍미가 어우러지려면 향이 강한 차를 선택해야 한다. 동방미인차는 중고도에 위치한 핑린에서 생산한다. 차를 사면 잘 꼬아 발효시킨 말린 찻잎이 들어 있다. 이 차는 신주의 동방미인차보다 매혹적인 향과 가벼운 보디감을 지녔다. 적당한 양의 타닌이 간의 부드러움을 앗아가지는 않을 것이다. 돼지 간 수프의 본래 풍미는 유지하면서 차 향으로 인해 풍미가 더욱 향상된다.

차 수프에 국수를 추가하면 간단하고 푸짐한 요리가 된다. 이 경우 얇은 수제 면을 사용하며, 면을 끓일 때 사용하는 찻물의 양에 주의를 기울이는 것이 중요하다. 면을 자유롭게 휘저을 수 있도록 찻물을 넉넉하게 넣어야 식감이 매끄러워진다.

라면을 끓이는 데 걸리는 시간에, 더 영양가 있고 건강에 좋은 식사를 준비할 수 있다.

재료

동방미인차 3g
돼지 간 150g
오이
에그 누들
옥수수 전분
올리브유

만드는 법

1. 돼지 간을 얇게 썰어 옥수수 전분을 묻힌 다음 한쪽에 둔다.
2. 끓는 물 150ml에 차 3g을 넣고 5분간 우린다. 총 500ml의 찻물을 준비하고 이를 냄비에 붓는다. 찻물을 다시 끓여 에그 누들을 넣는다.
3. 1분 후 썰어 둔 간을 냄비 바닥에 가라앉지 않도록 면 위에 조심스럽게 올린다. 붉은 핏빛이 사라지고 면이 찻물을 흡수할 때까지 간을 익힌다. 소금으로 간하고 불에서 냄비를 내린다.
4. 면 위에 오이 채를 올리고 2분간 기다린 후 올리브유를 살짝 뿌린다.

우롱-생강 양갈비

우롱차와 팬에 구운 양갈비를 페어링하는 것은 개인적인 도전으로 시작되었다. 첫째, 머스타드와 민트 젤리라는 일반적인 양념 공식에서 벗어나고 싶었다. 둘째, 양고기의 누린내를 잡아줄 수 있는 차를 원했다.

내가 선택한 차는 타이중 푸서우산(복수산)에서 생산된 청신 우롱이다. 차통 바닥에 있는 부러진 찻잎을 후추처럼 갈아서 사용하면 버려질 찻잎까지 살릴 수 있다. 차 가루는 양갈비를 재우는 데 사용할 것이다.

하지만 차 가루만으로는 너무 밋밋하다. 차 가루의 풍미를 양고기와 조화시키려면 생강이 필요하다. 오래된 생강이나 어린 생강은 적합하지 않으며, 알맞은 수준의 따뜻함과 향을 띤 적당히 오래된 생강을 선택하는 것이 좋다. 그 결과는 완벽한 맛의 균형과 더불어 황금빛 노란색(생강), 에메랄드빛 녹색(차), 선명한 붉은색(양고기)의 아름다운 시각적 메들리다.

재료

복수산 우롱차 1g
뉴질랜드 양갈비
생강
엑스트라 버진 올리브유
플뢰르 드 셀

만드는 법

1. 유리병 바닥을 사용해 말린 차 1g을 가루로 갈아 한쪽에 둔다.
2. 생강을 씻고 다진 다음 가루를 낸 차와 섞어, 양갈비에 골고루 바른다.
3. 프라이팬을 달군 후 기름을 두르고 발연점이 될 때까지 기다렸다가 양갈비를 넣는다. 팬 뚜껑은 덮지 않는다.
4. 3분 후 차 향이 나면 양갈비를 뒤집어 3분간 더 굽는다.
5. 양갈비를 접시에 담고 플뢰르 드 셀을 뿌린다.

차-미소 된장 드레싱에 재워 구운 소고기

숙성된 청신 우롱의 복합적인 특성으로 인해 많은 차 애호가들이 이 차에 열광하고 있다. 지금까지 살펴본 바와 같이 청신 우롱의 따뜻함과 세련미는 음료와 페어링하거나 요리에 직접 넣을 때 생선 요리와 훌륭하게 어울린다. 그렇다면 소고기와 같은 붉은 육류와는 어떨까?

숙성된 차와 육류가 만나면 차의 타닌 성분 때문에 고기가 건조해지지 않을까 걱정할 수 있지만, 그런 걱정은 할 필요가 없다. 대신 차의 보디감과 그윽함이 전면에 드러나면서 요리에 세련미를 더해준다. 육류의 품질이 좋아야 하는 것은 물론이고, 모든 것은 농산물의 품질에서 시작된다. 이 요리를 위해 풍미가 뛰어난 육질을 자랑하는 토종 품종인 대만 황우를 사용했다.

이 음식을 한데 묶기 위해 미소 된장을 소고기와 차의 풍미를 결합하는 매개체로 사용했다. 한입 베어 물면 볶은 소고기의 향이 먼저 뺨을 가득 채우다가 서서히 녹아내리며 담백한 미소 된장의 풍미가 더해져 숙성 우롱의 깊은 뒷맛을 느끼게 해준다.

재료
숙성된 동정 우롱차 1g
얇게 썬 소고기 70g
백미소 된장 35g

만드는 법
1. 찻잎 1g을 넣고 6분간 우린 후, 찻물 50ml와 미소를 그릇에 넣고 섞어 양념장을 준비한다.
2. 얕은 접시에 소고기를 올리고 양념장을 얹는다.
3. 프라이팬을 달군 후 소고기를 팬에 넣고 약불에서 굽는다. 팬 뚜껑은 덮지 않는다. 고기가 노릇노릇해지면 불에서 내린다.

차 국물에 데친 돼지고기

이 요리는 차를 만드는 것만큼이나 요리에서도 필수적인 기술인 열을 다루는 법을 알려준다.

    고기를 데칠 때 우리는 불과 물이 서로의 장단에 맞추어 춤을 춘다는 것을 이해한다. 격렬한 불은 물을 동요시키고, 느린 불길은 물의 활동을 억제한다. 고기가 지나치게 익거나 불규칙하게 익지 않도록 불을 조절하는 것이 중요하다. 국물의 끓는점을 관찰하는 것이 육질을 부드럽게 하는 핵심이다.

    80년 된 자사호에 찻잎을 넣고 양밍산의 샘물을 사용해 동정 우롱을 은은하게 끓인다. 그런 다음 이 우려낸 찻물 400ml를 레인지용 점토 자사호에 넣는다. 이때 냄비에 소량의 신선한 샘물을 넣은 다음 약불로 끓기 시작할 때까지, 즉 냄비 바닥에 있는 거품이 물고기 눈알만 한 크기가 될 때까지만 가열한다. 이것이 '1차 비등'이며, 이 단계가 되면 물의 부드러움이 느껴진다. 고기를 넣을 적절한 순간인 것이다.

    돼지고기를 한입 베어 물면 부드러운 고기에 스며든 적당히 홍배한 동정의 맛이 느껴질 것이다.

재료

동정 우롱차 2g

얇게 썬 돼지고기 100g

올리브유

만드는 법

1. 찻잎 2g을 넣고 3분간 우린 다음 찻물 400ml를 따로 덜어 둔다.
2. 찻물을 점토 냄비에 붓고 끓인다. 소량의 찬물을 넣고 다시 한번 더 끓을 때까지 기다린다.
3. 돼지고기를 냄비에 넣는다. 고기의 색이 변할 때까지 익힌다.
4. 돼지고기를 접시에 담고 올리브유 몇 방울을 뿌린 후 차려낸다.

차가운 얼 그레이 향 그린 파파야

태국 요리에서 자주 접할 수 있는 그린 파파야 샐러드는 맛과 식감이 잘 어우러진 고전적인 조합이다. 레몬즙이나 라임즙 또는 식초가 부드러운 파파야 과육에 스며들어 아삭함과 산미를 더해 메인 요리에 앞서 입맛을 돋우는 역할을 한다. 여기 가장 오묘한 방식으로 차를 접목한 변형 레시피를 소개한다.

레몬이나 라임즙 대신 나는 얼 그레이 차에 있는 시트러스 향을 더했다. 얼 그레이는 영국 차 애호가들에게 오랫동안 사랑받아온 차다. 한때는 총리 관저에서 제공되는 필수 음료이기도 했다. '얼(Earl)'은 1830년대에 수상을 지낸 찰스 그레이 2대 백작을 가리킨다. 그는 정산소종차를 처음 맛본 후 독특한 소나무 훈제 향에 매료되었다. 그 후 차 회사인 트와이닝에 이런 종류의 차를 만들어 공급해달라고 요청했다. 이에 따라 영국의 차 상인들은 홍차에 베르가모트 오일을 사용해 향을 냈고, 이것이 오늘날 우리가 알고 있는 얼 그레이 홍차의 시초가 되었다.

베르가모트는 오렌지와 비슷한 감귤류 과일이지만 고유의 독특한 향이 있다. 베르가모트를 차에 향을 입히는 데 사용하면 따뜻한 몰트 향이 나는 홍차 베이스에 매혹적인 톱 노트를 더할 수 있다.

얇게 썬 파파야를 냉장고에서 하룻밤 동안 숙성시키면 차의 향을 완전히 흡수할 수 있다. 아삭하게 씹을 때마다 멜론과 같은 단맛이 시원하게 터져 나오며 향기로운 향을 느낄 수 있다.

재료

트와이닝 얼 그레이 티백 2개

그린 파파야 150g

유기농 황설탕

고운 소금

만드는 법

1. 얼 그레이 티백 2개를 은 냄비에 넣고 끓인 물에서 3분간 우려낸다. 나중에 사용하기 위해 찻물 200ml를 따로 둔다.
2. 얇게 썬 파파야를 뚜껑이 있는 용기에 넣고 설탕과 소금을 넣는다. 뚜껑을 단단히 닫고 조심스럽게 흔들어준다.
3. 찻물이 약간 식을 때까지 기다렸다가 파파야 위에 붓는다.
4. 파파야를 냉장고에 보관한 후 다음 날 먹으면 된다.

연씨와 동방미인차

연씨를 넣어 밥을 하는 것은 연씨가 가진 향긋한 특성을 즐기는 가장 좋은 방법이다. 녹말 성분을 완화하기 위해 요구르트와 동방미인차를 섞어 디핑 소스를 만든다. 청나라 시대 더화 자기 자사호를 사용해 차를 우려내면 특히 더 그윽한 향이 나는데, 이는 우려내는 용기의 차이에 따라 차가 달라질 수 있음을 상기시켜준다.

이 레시피에서는 대만 신주, 어메이(峨眉)의 동방미인차를 선택했다. 이 차를 우리면 루비처럼 붉은색을 띠며 발효 정도가 완벽하게 느껴진다. 이에 비해 더 북쪽에 있는 스딩에서 생산되는 동방미인차는 안개가 자욱한 과일 향이 특징이다. 이 '미인'들은 각자의 방식으로 독특하다!

차를 오래 우려내면 차의 향이 요구르트에 완전히 스며든다. 차 향이 가미된 이 디핑 소스는 새콤하면서도 향긋해 연씨에 고급스러움을 더한다.

재료

어메이 동방미인차 3g

생 연씨 60g

플레인 요구르트

만드는 법

1. 물 20ml에 차 3g을 넣고 5분간 우린다. 플레인 요구르트 30ml를 찻물과 섞어준다.
2. 연씨를 씻은 후 지은 밥에 약 20분간 묻어둔다. 연씨가 익으면 꺼낸다.
3. 연씨를 요구르트-차 소스에 찍어 먹으면 된다.

8
티 소믈리에 되기

티 소믈리에의 필수 요건

티 소믈리에의 직업적 요건을 충족하려면 감당해야 하는 역할에는 무엇이 있을까? 티 소믈리에는 전 세계의 차를 맛보고 마시며, 와인 소믈리에와 마찬가지로 블라인드 테이스팅을 할 수 있는 능력이 필요하다. 티 소믈리에는 차의 종류, 수확 시기, 생산 지역 등 다양한 세부 정보를 파악할 수 있어야 한다. 다양한 종류의 차를 만들 때 차의 개성을 가장 잘 '표현'하기 위해, 차의 아로마와 맛, 타닌 함량 등을 깊이 있게 이해하고, 이를 바탕으로 공정의 각 단계를 매우 정확하게 파악해야 한다.

티 소믈리에가 되기 위해서는 차에 대한 깊은 호기심을 바탕으로 엄격한 훈련 과정을 단계적으로 거쳐야 한다.

현재 외식업계는 식탁에 또 다른 즐거움을 선사할 수 있는 수많은 차를 소개하고, 추천하며, 만들고, 제공하며, 설명할 수 있는 지식이 풍부한 전문가가 필요하다. 만약 손님들이 혼자서 알아서 하도록 내버려 둔다면 이들은 티 페어링의 세계에 발조차 들여놓지 못할 수도 있다. 차의 이름도 생소하고 선택의 폭이 너무 넓게 느껴질 수 있다.

숙련된 티 소믈리에는 까다로운 후각과 예리한 탐구 감각을 지니고 있다. 티 소믈리에는 차를 감상하면서 정확하게 감별하고, 티 페어링의 원칙을 이해하는 것 외에도, 서비스 부문의 파트너와 효과적으로 소통하면서 차 감상에 대한 지식을 공유하는 문화 조성에 힘써야 한다.

이 책의 마지막 장에서는 예비 티 소믈리에가 이 흥미진진한 새로운 직업의 대열에 합류하기 위해, 여정을 어떻게 시작하는지에 대한 내 생각을 공유하고자 한다.

식탁 예절

식당에서 고객이 메뉴에 있는 차를 주문할 때 전문적인 의미에서 티 소믈리에가 제공할 수 있는 부가적인 서비스는 무엇일까?

차를 우려서 고객에게 제공하면 이것이 서비스의 기준이고 완료된 것처럼 보일 수 있다. 하지만 차 본래의 형태와 차를 우려내는 과정은 고객의 시야에 들어오지 않는다. 이는 손님이 자리에 앉으면 차가 나오는 중국 식당의 기존 관행과 유사하다. 식당이 소비자들의 눈높이에 맞추지 않고 이러한 방식을 고수한다면 소비자들의 공감을 얻기 어려울 것이다.

따라서 손님이 보는 앞에서 차를 준비하는 것이 더욱 바람직한 서비스 방식이다. 간단한 설명과 함께 차의 아로마를 감상토록 한 후, 첫 번째 잔으로 마실 차를 우리고 마시게 하는 것이다. 이러한 과정은 짧은 시간 내에 완료되어야 하며, 동시에 손님에게 관련 지식을 신중하게 제공해야 한다.

이 절차를 단시간에 완료하려면 어떻게 해야 할까? 고려해야 할 세부 사항으로는 차의 포장, 찻잎을 적절한 접시에 담아 보여주고, 손님이 먼저 차의 아로마를 맡을 수 있도록 하는 것 등이 있다. 마지막으로, 손님이 차의 아로마와 맛을 충분히 느낄 수 있는 적절한 타이밍에 차를 따르고 제공한다.

티 소믈리에는 녹차, 우롱차, 보이차의 제다 방법이 매우 다르다는 사실을 알고 있어야 한다. 또한 차를 끓일 때 찻잎이 찻주전자에서 컵으로 흘러 들어가는 경우가 있다. 따라서 서양 홍차를 우려낼 때는 찻잔에 찻잎 찌꺼기가 남는 것을 최소화하기 위해 필터를 사용한다. 때로는 차를 우려내기 전에 찻잎을 티백에 넣기도 한다. 이 방법은 서로 혼용해서 사용할 수 있다.

티 소믈리에에게는 연습이 중요하다. 중국의 속담에 '무대 위에서 3분을 공연하려면 무대 밖에서 10년의 노력이 필요하다'라는 말이 있다. 행동에서 나타나는 세심함을 보면 전문적인 티 소믈리에와 같은 디테일에 숙달했는지 알 수 있다.

가장 중요한 것은 티 소믈리에가 항상 차와 음식이 시너지 효과를 낼 수 있도록 노력해야 한다는 점이다. 티 페어링은 총체적으로 감각을 경험할 수 있게끔 구현하는 것으로, 이러한 경험을 시작하고 완성하는 것이 티 소믈리에의 역할이다.

전문가의 도구

장인이 제대로 작업을 하려면 먼저 도구를 연마해야 한다. 좋은 차를 만들려면 차를 우려낼 수 있는 올바른 도구를 선택하는 것이 중요하다. 일반적으로 말하자면, '시음'을 위한 차 도구 세트는 세 가지, 즉 물을 끓이는 주전자와 찻주전자, 찻잔이며, 차를 맛보기 위한 표준 샘플을 만드는 데 사용할 수 있다. 이 책의 각 장을 통해 찻주전자의 재질(도자기, 자사 점토, 은 등)과 그것이 우려낸 찻물에 어떤 영향을 미치는지 등 주의해야 할 세부적인 사항들을 잘 이해할 수 있을 것이다.

일부 티 테이스팅 전문가들 중에는 저울, 온도계, 타이머와 같은 측정 도구를 사용하기도 한다. 이러한 도구는 처음에는 매우 전문적으로 보일 수 있지만, 여러 가지 면에서 차의 미적 측면을 제한하기도 한다. 같은 맛을 반복해서 우려내는 것보다는 음식에 대한 티 소믈리에의 이해에 따라 차를 우리는 정도를 조절해야 한다.

좋은 찻주전자나 개완(뚜껑이 있는 그릇)은 필수적인 다기로, 상황에 따라 서로 바꾸어서 사용할 수 있다. 손님 중에는 항상 차를 마시는 사람이 있을 것이다. 개완을 사용하면 차 고유의 풍미를 가장 잘 표현할 수 있다. 하지만 크기가 작기 때문에 테이블에 사람이 많을 때는 개완이 가장 실용적인 선택이 될 수 없다. 이 경우에 차를 우리는 데 더 적합한 용기는 큰 찻주전자다.

일반적으로 찻잔은 차가 뜨겁기 때문에 다루기 편한 것을 선택해야 하며 손잡이가 있는 찻잔은 화상을 최소화할 수 있다. 전통 공부차를 우리는 것은 티 소믈리에가 전문적인 교육을 받아야 수월하게 수행할 수 있다. 찻잔의 크기는 찻주전자의 크기와 차의 농도에 따라 달라진다. 티 소믈리에라면 이러한 변수들을 미리 예측해야 한다.

모든 다기는 흠잡을 데 없이 깨끗하게 유지되어야 한다. 티 소믈리에는 티포트와 찻잔을 깨끗하게 세척하고 닦아서 남아 있는 냄새나 세제 냄새가 나지 않도록 해야 한다. 차는 매우 섬세한 음료이기 때문에 세제가 조금만 남아 있어도 그 맛이 회복될 수 없을 정도로 손상된다.

식음료계에서의 직업

중국에서는 찻집에서 손님에게 차를 준비하고 서빙하는 티 마스터를 찾을 수 있다. 반면 티 소믈리에는 서양식·아시아식 레스토랑 등, 더욱 다양한 근무 환경에서 일한다. 두 직업의 공통분모를 살펴보면 항상 손님들에게 미각적으로 기억에 남을 만한 경험을 준다는 점이다.

티 소믈리에의 미래는 파인 다이닝 현장에 있다. 와인 소믈리에와 마찬가지로 티 소믈리에는 전문적인 교육을 통해 다양한 음식과 가장 적합한 차를 페어링할 수 있는 안목을 갖춘다. 티 소믈리에는 알코올음료를 마시지 않는 손님의 니즈를 파악할 뿐만 아니라, 레스토랑에 더 다양한 음료 옵션과 서비스를 제공해 결과적으로 레스토랑의 수익 증대로 이어진다.

대부분의 5성급 호텔에는 레스토랑 외에도 애프터눈 티를 제공하는 카페와 전문 티 소믈리에가 근무하는 바, 연회장, 콘퍼런스 홀 등이 있다. 이렇게 함으로써 차를 마시는 것이 더 이상 갈증 해소만을 목적으로 하지 않게 되었다.

티 소믈리에라는 직업이 널리 인정받게 되면, 음식 산업 환경에 대한 기여도는 와인 소믈리에에 못지않게 높아질 것이다. 레스토랑과 호텔에서 일자리를 찾는 것 외에도 평판이 좋은 많은 찻집이나 차 판매점도 매력적인 선택지다. 티 소믈리에는 차를 끓이는 직접적인 경험을 쌓는 것이 필수적이며, 여기에서 티 소믈리에의 기술이 시험대에 오른다.

티 소믈리에 직업은 아직 초기 단계에 있으며, 자격증이 공식화된 평가 방법이다. 과거에 정식으로 전문 자격증을 취득할 필요가 없었던 요리사들의 경우와 마찬가지로, 티 소믈리에 자격증도 신중한 계획과 조직적인 노력을 통해 실현되고 있다.

티 소믈리에의 역할

티 소믈리에가 해야 하는 임무는 얼마나 어려울까? 먼저 티 소믈리에는 요리가 나오는 순서와 요리와 차의 페어링에 대해 셰프와 미리 상의해야 한다. 이렇게 하면 어울리지 않는 차를 페어링할 위험을 최소화할 수 있다. 잘 어울리는 차는 요리의 맛을 더욱 돋보이게 한다. 티 소믈리에는 셰프에게 창의적이면서도 진정성 있는 제안을 해야 한다. 물론 때로는 손님에게 제안을 받을 수도 있다. 맛을 아는 전문가들이라면 음식의 독특한 측면을 고려할 수밖에 없고, 이미 잘 짜인 티 페어링을 제공하더라도 예상치 못한 변수가 있을 수 있다. 숙련된 티 소믈리에는 그 자리에서 바로 대응할 수 있어야 한다.

둘째, 티 소믈리에는 티 리스트를 구성하는 방법을 알고 있어야 한다. 차를 구매하고 나면 어떤 차들은 좀 더 대중적이고 어떤 차들은 그렇지 않은, 광범위한 티 리스트가 만들어진다. 티 리스트를 구성하는 것은 와인 리스트와 유사하며, 예를 들어 테이블 와인처럼 '테이블 티'라는 개념을 도입하기도 한다. 동시에 다양한 소비자층을 만족시키기 위해 고급 차를 제공하기도 한다.

티 소믈리에는 차를 보관하는 임무도 맡는다. 레스토랑에서 차를 구입한 후에는 보통 포일 진공 포장을 하거나 차통에 보관한다. 하지만 포장이나 용기를 자주 여닫다 보면 차가 수분을 쉽게 흡수한다. 어떻게 하면 과도한 습기를 차단하면서 편리하게 차를 이용할 수 있을까? 티 소믈리에는 차의 종류, 보관 용기, 습도, 주변 온도 등의 변수를 고려하면서 차를 보관할 수 있는 저장고와 같은 공간을 마련해야 한다.

셋째, 좋은 등급의 찻잎으로 어떻게 좋은 차를 우릴 수 있을지, 물의 온도와 도구를 미리 계획해야 한다. 현장에서 100°C까지 물을 끓일 수 있어야 차의 풍미를 온전히 추출할 수 있다. 차마다 우리는 시간이 다르기 때문에 다양한 차의 특성을 잘 알고 있어야 한다. 추출 기술이 티 페어링 성공의 열쇠를 쥐고 있다.

이러한 기본적인 이해를 토대로 티 소믈리에는 차 사용에 관해 셰프와 소통해야 한다. 훌륭한 셰프는 일반적으로 후각과 미각이 예리하지만 차에 대한 전문성은 별개의 문제다. 셰프가 차와 음식이 더욱 역동적으로 어우러질 수 있는 방법을 이해하고 있는가? 티 소믈리에의 전문적인 추천을 바탕으로 셰프는 고급 차의 아로마와 맛을 즐기면서 차와 요리의 유기적인 콜라보레이션을 구성할 수 있다.

이론과 실제

티 소믈리에는 사람들의 후각과 미각을 테스트하는 직업이다. 이 직업을 잘 수행하려면 자신의 감각을 예민하게 유지해야 한다. 예를 들어, 양념이 많이 들어간 음식, 특히 신맛이나 매운 음식을 과도하게 섭취하지 않는 것이 중요하다. 또한 흡연은 미뢰의 민감성을 파괴하고 미각 감지를 방해한다.

티 소믈리에는 물론 독서와 학습을 통해 축적된 차에 대한 기본 지식을 가지고 있어야 한다. 차 생산지의 이름과 다양한 차를 우려내는 최상의 방법을 기억하면서 차 시음에 필요한 어휘를 정립해야 한다. 이러한 기본 지식의 대부분은 이전 장들에서 이미 다루었고, 그렇다면 티 소믈리에는 자기 자신을 어떻게 평가해야 할까?

가장 간단한 방법은 평가용 컵을 사용해 세 가지 종류의 차를 동시에 우려낸 다음, 표시된 컵에 차를 붓고 다른 사람에게 찻잔을 바꾸어 달라고 부탁한다. 세 가지 차를 블라인드 테이스팅하는 것이다. 이렇게 하면 다양한 차의 품질을 구별하는 능력이 크게 향상된다.

티 소믈리에가 차의 역사적 배경만 외우고 실제로 차를 식별할 수 없다면 여기서 말하는 전문성은 거의 없다고 할 수 있다. 예를 들어, 경홍배 우롱차를 중홍배 우롱차로 착각하는 경우, 전문가 수준에 도달하기 위해서는 전문적인 교육은 물론이고 더 많은 실무 경험을 쌓아야 한다.

삼킬 것인가, 뱉을 것인가?

차를 준비하고 시음할 때 티 소믈리에는 차를 마셔야 할까, 아니면 와인을 시음할 때처럼 뱉어내야 할까? 와인 시음자는 한 번에 많은 양의 와인을 시음할 때, 취하는 것을 방지하고 혀가 마비되는 것을 방지하기 위해 일반적으로 와인을 뱉어낸다.

차 품평회에서도 심사위원들은 차를 뱉어내는 같은 행동을 하는데, 세 가지에서 다섯 가지 종류의 차를 시음하고 나면 혀와 목이 마비되는 경향이 있기 때문이다.

따라서 티 소믈리에가 차를 시음하거나 고를 때는 다음 시음 전에 차를 뱉어내는 것이 허용된다. 이렇게 하면 미각의 피로를 최소화하고 정확도가 떨어지는 것을 방지할 수 있다. 그러나 손님을 응대할 때 뱉어내는 것은 용납되지 않으며, 침을 뱉을 때 내는 소리도 분위기에 영향을 미친다. 따라서 불필요한 소리를 최소화해 손님을 방해하지 않고 차를 감상하는 묘미를 손상시키지 않도록 하는 것이 중요하다.

티 리스트 설계하기

레스토랑의 티 리스트는 와인 리스트보다 설계하기가 더 까다롭다. 와인 라벨에는 와인 메이커, 지역, 포도 품종, 빈티지, 알코올 함량 등의 정보가 명확하게 명시되어 있으며 이러한 정보를 와인 리스트에 반영할 수 있다. 차의 경우는 라벨이 덜 엄격하게 적용될 뿐만 아니라, 대부분의 식당은 차에 대한 설명과 출처에 대한 용어들에 익숙하지 않은 경우가 많다.

그렇다면 티 소믈리에는 어떻게 티 리스트를 구성할까?

먼저, 6대 다류 카테고리에서 어떤 종류의 차를 레스토랑의 요리와 페어링할 수 있을지 스스로 물어야 한다. 티 소믈리에는 엄격한 분류 방식을 통해 문제에 접근하기보다는 무엇이 적절한 차인지 선택할 줄 알아야 한다. 동시에 소비자에게 잘 받아들여지는 가장 적합한 차 품종을 결정하는 것도 필요하다. 예를 들어, 테이블 와인이나 하우스 와인의 개념을 차용해 '테이블'을 모든 취향의 사람들이 즐길 수 있고 합리적인 가격의 차로 설정할 수 있다.

간단한 설명이 포함된 티 리스트는 식사하는 손님에게 유용하다. 예를 들어, 홍수 우롱을 제공하는 경우, 티 리스트에는 반발효 경홍배차라는 설명과 함께 이 차가 묵직하거나 달콤한 요리와 특히 잘 어울린다는 내용을 표시할 수 있다. 식사하는 사람들이 종종 우려하는 또 다른 사항은 차를 마시면 밤새 잠을 설치지 않을까 하는 걱정이다! 사려 깊은 티 리스트를 작성하려면 각 차의 카페인 함량을 표시하는 방법도 있다.

마지막으로, 차는 음식의 풍미를 보완하는 것 이상의 역할을 하며, 식사에 시적인 감성과 세련미를 불어넣는다는 점을 기억해야 한다. 레스토랑의 티 리스트가 와인 리스트와 동등한 지위를 갖게 되는 날이 오기를 기대한다.

찾아보기

ㄱ

가루 차 245
가부세차 153
가을 차 94
간척 112
감칠맛 183
강희제 207
개완 193
건조 107, 115
검정곰팡이 117
겐마이차 154
겨울 차 94
경도 193
경산차 208
경지홍심 93
고원경 53
곰팡이 117
공도배 186
공부차 196
공부홍차 123
과일 향 184
곽산황아 109
관목 93
관운 61, 82, 98
관음 여미 61
교목 93
교쿠로 153
구강 촉감 185
구원경 120
군산은침 109
귀싱향 149
귀비 우롱 216
글루탐산염 188
금준미 229
금훤 52, 112, 143, 144, 145, 164, 190, 214
기단 81

기문 191, 233
기홍차 123
꽃차 120, 135
꽃 향 184

ㄴ

나대경 178
난강구 142
난초 향 우롱 85
남항수선 222
노전요차 143
노총수선 223
녹차 57, 65, 105, 133, 135, 198

ㄷ

『다경(茶經)』 178
『다보(茶譜)』 53, 120
『다소(茶疏)』 97, 199
다연 54
다완 154
다즐링 158, 191, 253
다통향 145
단백질 188
단유 112
단쿠타 차 163
단포 112
대만 우롱차 68, 71
대수 보이차 266
대엽 보이차 31
대엽종 93
대우령 19, 25, 77, 99, 150, 213
대작 157
대홍포 (→무이차 참조)
더스트 124

더화 자기 81
도균모첨 138
동방미인 58, 63, 74, 78, 94, 112, 142, 271, 278
동정 우롱 63, 65, 72, 88, 112, 190, 216, 250, 256, 264
두안니 주전자 38, 81
둥산향 144
뒷맛 183

ㄹ

라라산 146
량청 112
런아이향 148
루구향 143
루예향 145
루이수이향 145
루주쉰 116
룽탄구 143
류구이구 144
리산 112
리산차 36, 78, 210
린네이향 144

ㅁ

마이야르 반응 118, 189
마테차 170
만저우향 144
만전차 260
말라위 167
말차 106, 153, 245
메이산향 149
명전차 97, 204
모차 118

목책철관음 63, 88, 112, 191
몽정감로 138
몽정황아 109, 138
무이차 52, 57, 58, 61~63, 78, 88, 93,
　　140, 176, 111, 112, 220, 223, 226
　　대홍포 63, 112, 225
　　백계관 63, 112, 190, 226
　　수선 28, 33, 222
　　육계 63, 72, 88, 112, 220
　　철라한 63, 88, 191
문산포종 87
문향배 186
미각 182
미네랄 189
미생물 117
미생물 발효 105
미쉐린 가이드 16
미얀마 166
민홍차 123
민황 109
밀크티 166

ㅂ

반교목 93
반발효 48, 58, 61, 111
반차 65, 154
발효 105, 108, 115
백계관 （→무이차 참조）
백림공부 123
백상 층 117
백자 찻잔 195
백차 65, 66, 70, 105, 108, 133, 198
백호우롱 143
백호은침 108, 190
버블티 70
베이푸향 143

베트남 164
벽라춘 65, 106, 135, 142, 190, 207
병사 108
보이차 22, 25, 42, 46, 53, 67, 68, 77, 78,
　　81, 88, 105, 116, 126, 138
복건 112
복록차 145
복배 112
복수산 148
복전차 116
복정대백 169
복포유 112
복홍 112
복화 112
『본초강목』 53
봄 차 94
봉황단총 140
봉황수선 111, 222
『북경의 다식(北京的茶食)』 85
북산차 149
브로큰 124
브로큰 페코 124
비발효 106
비타민 189

ㅅ

사계춘 143
사리선차 149
『사요잡시(社寮雜詩)』 263
사포닌 153
산화 105, 126
산화 중합 115
살청 106, 112
삼갱양간 221
『삼국사기』 157
삼림계 33, 67, 81, 83, 99, 246

생보이차 31, 68, 70, 107, 116, 191
서호용정 135
석봉용정 204
석유(石乳) 88, 221
세작 157
세컨드 플러시 65, 158
센차 65, 106, 153
소록엽선 33, 48, 65, 83, 94, 112, 143,
　　216
소믈리에 13, 15
소엽 123, 135
소종 123, 124
쇄청 107, 112
수사연 홍차 263
수선 （→무이차 참조）
수이리향 149
『수원식단(隨園食單)』 222
숙성 126, 198
숙성 보이차 38, 40, 116, 191
숙성 우롱차 35, 72, 218, 258
슈린향 150
스딩구 142
스먼구 142
신이향 149
실론 홍차 160
싼샤구 142
싼싱향 145

ㅇ

아로마 176, 184, 189
아리산 우롱 67, 70, 83, 190
아리산향 149
아미노산 188
아사무시 센차 153
아삼 158
아안장차 116

악퇴 67, 68, 85, 116, 236, 254
안계철관음 35, 59, 61, 82, 93, 112, 140, 142, 191
알데히드 189
야생차 262
양선 54
양청 112
얼 그레이 277
여름 차 94
영천수아 138
영홍차 123
오렌지 페코 124
오정화 263
오텀 플러시 158
옥란차 145
옥산차 149
와인 페어링 13
완전 발효 114
외산소종 123
요청 112
용정 85, 106, 142, 190
용정차 20, 26, 35, 65, 74, 204
우롱차 48, 62, 67, 74, 105, 111, 112, 126, 133, 143, 144, 198
우바 차 160
우유 221
우전 97, 157, 204
우펑차 145
운남 보이차 88, 267, 268
원매 222
원산구 142
월홍차 123
위산모첨 109
위조 108, 112, 114, 115
위츠향 144
윈난성 93, 138
유교 196
유념 106, 112, 114

육계 (→무이차 참조)
육보차 116
육우 178
이시진 53
이싱 점토 193
이첨차 149
이홍차 123
인자(印子)급 46, 240
임창 보이차 33, 72, 83, 234

ㅈ

자순 54
자오시향 145
장난 135
장베이 133
장청 생보이차 45
저연 우롱 33, 57
저우쩌런 85
전록 138
전분 67
전비향 182
전차 168
전춘년 53
전홍 123, 138
점토 주전자 193
정산소종 27, 32, 123, 191, 229, 270
정암차 220
정제 115
정치회윤 112
정화공부 123
정화대백 123
제다인 100, 119
『조가풍월기(潮嘉風月記)』 196
조지아 공화국 169
주니 주전자 81~83
주산진 148

주청 112
주치향 149
중랴오향 149
중배 우롱차 61
중엽 135
중작 157

ㅊ

차 연회 54
차오저우 52, 57
차 조각 124
채엽 112
천홍차 123
철관음 61, 74, 98, 111, 112, 142
철라한 (→무이차 참조)
청명절 96
청신 우롱 83, 93, 98, 142~146, 213, 272, 274
청심대유 93, 143
청차 111
첸 아치아오 72
초건 109, 112
초배 112
초청 107, 112
초홍 112
취옥 112, 143, 145
치즈 68
칠자병차 240

ㅋ

카테킨 115, 188
카페인 53, 188
캐비아 57
케냐 167

코란샤 도자기 찻주전자 83

ㅌ

타닌 63, 81, 188, 230
타차 138
탄량 112
탄수화물 188
탄양공부 123
태국 164
『태평어람(太平御覽)』 54
터우우향 143
테루아 88, 98, 99, 182, 203, 213, 229
테아닌 188
테아루비긴 115, 188
테아플라빈 115, 188
튀르키예 168
특색차 203
티 리스트 286, 288
티 소믈리에 193, 282
티타임 85
티 페어링 13, 53, 54, 65, 67, 74, 81, 82, 193

ㅍ

판루향 149
패닝 124
팽풍차 143
퍼스트 플러시 158
페코 124
페코 소종 124
평감배 186
포모사 섬 142
포유 112
포종 65, 74, 112, 121, 142, 143, 190

폴리페놀 53, 108, 115, 188
푸싱구 146
푸아그라 57
핑린구 142

ㅎ

해괴 112
해산물 65
향시 186
향차 120, 121
향편 52
허차서 97, 199
허핑구 146
호자(號字)급 46, 88, 240
호지차 154
호홍차 123
홀리프 124
홍건 109, 112
홍배 61, 112, 118, 119, 121, 184, 189, 198
홍쇄차 115, 123, 124, 138, 159, 170
홍수 우롱 58, 87, 216
홍옥 대차 18호 232
홍옥 품종 144
홍옥 홍차 232, 249
홍우롱 216
홍인 병차 240
홍차 57, 65, 105, 123, 133, 135, 198
홍청 107
화강차 148
황산모봉 135, 190
황차 57, 105, 108, 133, 198
효모 117
후각 182
후발효 105, 116, 198
후비향 182

후이간 177
후이윈 177
후카무시 센차 153
훠궈 77
흑유 다완 154
흑차 67, 105, 116, 133, 135, 198

기타

CTC 115, 123, 167
FBOP 124
FOP 124
GI 159
PGI 159
P 등급 124
TRES 144
8582 보이차 38

지은이 _ 티 파커 (Tea Parker, 치중시엔)

중국어로 40여 권의 차 관련 서적을 집필한 대만 최고의 차 권위자다. 유럽, 미국, 일본 등지에서 차 문화의 모든 면에 대한 강연과 시연을 진행했으며, 국제 티소믈리에 아카데미(ITSA)의 설립자이기도 하다. 언론에 정기적으로 출연하고, 수업과 워크숍을 진행하며, 레스토랑들을 위해 차 프로그램을 컨설팅하기도 한다. 차 업계에서는 지금은 보편화된 100점 만점 채점 시스템을 개발한 와인 분야의 세계적 권위자 로버트 파커의 이름을 따서 '티 파커'로 불린다.

옮긴이 _ 최경남

이화여자대학교 교육학과를 졸업하고 고려대학교 국제대학원에서 국제 통상 협력학과 국제통상을 전공했다. 제일기획에서 수년간 광고 기획과 스포츠 마케팅 업무를 담당했으며, 이후 영국에서 가장 오래된 요리학교로 땅뜨 마리 요리학교를 졸업했다. 현재 오버진 쿠킹스튜디오를 운영하며 쿠킹클래스를 진행하는 한편 엔터스코리아에서 출판 기획자, 요리 분야 전문 번역가로 활동하고 있다.

주요 역서로는 『Seared 시어드: 그릴 바비큐 마스터하기』, 『월드 오브 워크래프트 공식 요리책 2: 아제로스의 새로운 맛』 외 다수가 있다.

The Tea Sommelier
티 소믈리에

발행일 2024년 5월 1일 초판 1쇄 발행

지은이 티 파커(치중시엔)
옮긴이 최경남
발행인 강학경
발행처 시그마북스
마케팅 정제용
에디터 최윤정, 최연정, 양수진
디자인 김문배, 강경희

등록번호 제10-965호
주소 서울특별시 영등포구 양평로 22길 21 선유도코오롱디지털타워 A402호
전자우편 sigmabooks@spress.co.kr
홈페이지 http://www.sigmabooks.co.kr
전화 (02) 2062-5288~9
팩시밀리 (02) 323-4197
ISBN 979-11-6862-231-9 (13590)

The Tea Sommelier
Copyright © 2022 Tea Parker Chih Jung-sien, Frankie Fang(English Translator) and Shumin Chen(Editor). This edition is published under license from Marshall Cavendish International(Asia) Pte Ltd.
All rights reserved. No part of this publication may be reproduced or transmitted in any form or by any means, or or stored in any retrieval system of any nature without the prior written permission of Marshall Cavendish International(Asia) Pte Ltd.
Frankie Fang is the English language translator, and Shumin Chen is the English editor
Korean language edition published by SigmaBooks Copyright © 2024

이 책의 한국어판 저작권은 Marshall Cavendish International(Asia) Pte Ltd.와 독점 계약한 **시그마북스**가 소유합니다.
저작권법에 의하여 한국 내에서 보호를 받는 저작물이므로 무단전재와 무단복제를 금합니다.

파본은 구매하신 서점에서 교환해드립니다.

* **시그마북스**는 (주)시그마프레스의 단행본 브랜드입니다.